モールの吹き抜け　大山顕

GLOBUS / Kyiv　2016

CANAL CITY HAKATA / Fukuoka　2015

VenusFort / Tokyo　2014

NISHINOMIYA GARDENS / Hyogo　2014

Caesars Palace / Las Vegas　2017

GRAND FRONT OSAKA / Osaka　2014

Terminal 21 / Bangkok　2013

永安広場 / Hong Kong　2015

モール　小野啓

MITSUHASHI
IMAX

latte
CLEARANCE!

モールの想像力
ショッピングモールはユートピアか

目次

モールの吹き抜け　大山顕　1
モール　小野啓　9

1 モールの想像力

第一節　モールは「街」である　大山顕　22
第二節　モールとは何か　—その源流から考える　速水健朗　48
第三節　内と外が反転したユートピア　大山顕　56
第四節　バックヤードに窓をあける　大山顕　64

2 舞台としてのモール

座談会　『サイダー』はモールの批評である　イシグロキョウヘイ・佐藤大・大山顕　74
イオンにみせられて　もぐこん　99

3 ユートピアとバックヤード

対談　ショッピングモールから考える・再び　東浩紀・大山顕　120

バックヤードはユートピアだ　座二郎　139

われわれは地球人だ！　高橋聖一　145

4 展覧会　モールの想像力

ショッピングモールはユートピアだ

展覧会解説　大山顕　158

開催要項　168

展示作品一覧　169

ブックデザイン　原田祐馬・岸木麻理子（UMA/design farm）

カバーイラスト　『サイダーのように言葉が湧き上がる』より
協力　スタジオ心　中村千恵子

表紙イラスト　座二郎

1 モールの想像力

第一節　モールは「街」である

大山　顕

モールへ

　上着を羽織ってキーをとり部屋を出る。玄関の脇のガレージに停めてある車に乗り、近所の道から幹線通りへ合流。昔は一面田んぼだったところにバイパスが通され、物流倉庫や中古自動車屋が並ぶようになった。それらを見るともなく車窓に流し、ほどなく到着するのが目的地。遠いところでは県外からも買い物客がやってくるらしい。敷地を左回りにまわって係員の誘導に従って駐車場に乗り入れる。車を降りて、駐車券をとって店内へ。三千円以上のお買い上げで三時間まで無料。エントランスをくぐると、そこは「空のコート」と名付けられた吹き抜け。その先に「メインストリート」が続いている。週末のガレリアにはけっこうな人がいて、喧騒とアナウンスの奥にかすかなBGMが聞こえる。

　以上は、典型的なモールへの道筋。想像にすぎないが、おそらく日本中でこのような光景が繰り広げられているはずだ。

　ここで気付くのは、家を出てからモールまで、実質的に「外」に出ていないこと。自宅のリビングから車、降りたらすぐに店内へ。自家用車の中は居間の延長だ。『自転しながら公転する』（新潮社、二〇二〇年／新潮文庫、二〇二二年）で山本文緒は「ファミリーカーって動くリビングだ」と書いている。車のシートはリビングのソファである。つまりモールに着くまで、人はずっと「居室」で座っている。ようやく「外」に出るのはモールに入ったとき。つまりモールの入口は「外」への「出口」なのだ。自宅の玄関はモールのエントランスに直接つながっている。

モールは内部に街を作っている。モール内はいわゆる「屋内」ではない。そこは街なのだ。その証拠に、モールの名称にはしばしば「シティ」が含まれる。吹き抜け空間には「空」や「風」「水」といったネーミングがほどこされ、三層ガレリアの広い通路は「ストリート」だ。

先頃閉業してしまったお台場のモール「ヴィーナスフォート」はその好例だった。ヨーロッパ風の街並みを再現し、吹き抜けにはイタリア風の広場と噴水。天井には空が描かれて、時間によって夕暮れの色に変化するなど、まるで外部かのように見せていた。

すべては『ゾンビ』から

モールを舞台にした作品といえば、一九七八年に公開された（日本での公開は翌一九七九年）ジョージ・A・ロメロ監督の映画『ゾンビ』（原題：Dawn of the Dead）をまず挙げなければならない。いまや映

画史においても重要な作品として知られるこの映画は、モールを主要な舞台にしている。この作品はゾンビ映画の最初というわけではなく、ロメロがゾンビを描いたのもこれが最初ではない。しかし、ゾンビという存在をひろく世に知らしめたのは間違いなく『ゾンビ』の功績だ。ぼくはその大きな理由はゾンビとモールという組み合わせが絶妙だったからだと考えている。

公開された一九七八年の前後は、アメリカを中心に多くの国々でモールが増えていく時期だった。日本では一九六九年に最初の本格的なモールと言われている二子玉川の玉川髙島屋ショッピングセンターがオープンしている。世界中の多くの人が、この映画を自分の日常と結びつけて観ることができたはずだ。舞台が、国や地域、階層によって空間デザインの違いがもっと大きく表れる住宅や街だったら、観客の生活との地続き感はもっと薄かったのではないだろうか。つまり、モールの風景はどこも似ている。このモールの無国籍性については後に触れよう。

『ゾンビ』のあらすじはこうだ。突如、死体が生きている人びとを襲うという謎の現象が起こり、街はパニックに陥る。主人公四人はヘリコプターで脱出を試みるが、燃料切れとなりモールの屋上に着陸。電気も通っていて、食料や銃、各種日用品が豊富にあることを拠点にする。モール内に侵入してくるゾンビたちを、犠牲を出しながらもなんとか撃退し、つかのまの平穏を得る。そこに武装した暴走族集団が襲来し、閉め出されていたゾンビもモール内に侵入、絶望的な状況へと陥る……。

「死体が生きている人間を襲う」「襲われた人間もまた同じことをするようになる」というゾンビの設定はたいへん魅力的で、現在に至るまで、映画だけに留まらず多くのゾンビ作品を生み出している。特にゲームでは定番の敵キャラだ。『デッドライジング』（カプコン、二〇〇六年）はそのひとつ。『ゾンビ』の設定そのままに、舞台はモールで、バックヤードにある事務所をセーフゾーンとしてゾンビを倒していく。

『ゾンビ』はたいへん批評性に富んだ作品で、それゆえ多くの批評を生んできたが、ここで注目したい点は二つだ。まず、これは「バックヤード」を「家」とする「家族」の物語として見ることができるという点。物語の中盤、主人公のうちふたりの男女は不倫の関係にあって女性のほうは子供を身ごもっていることが明かされる。男たちがゾンビをモールから閉め出す作戦に夢中になっている間、女性はモール内の物資をあてがわれ、安全圏であるバックヤードの一室に留め置かれる。これによって、この映画はジェンダーの問題も扱っていると評される。女性が、自分だけが蚊帳の外に置かれることに抵抗するシーンは象徴的だ。

もうひとつ重要なのは、作中で描かれるモールの「ストリート性」についてだ。ゾンビを排除するための作戦や、暴走族との戦闘シーンを観ると、この作品は別の映画ジャンルに似ていることに気付く。それは西部劇だ。

モールとストリートの根源性

モールを街にしているのは一本の道だ。典型的なモールの動線は基本的に大きな一本の通路で作られている。この通路がしばしば「ストリート」と名付けられる。『ゾンビ』で、銃を手に入れた主人公たちがゾンビを撃つシーンの多くは、このモールの「ストリート」で行われる。テナント店舗からストリートに向かって発砲する場面は、たとえば映画『リオ・ブラボー』（原題：Rio Bravo、一九五九年、ハワード・ホークス監督）の銃撃シーンを彷彿とさせる。ジョン・ウェインらガンマンたちが立ち回るのは基本的にストリートとその両脇の酒場や宿屋である。『ゾンビ』後半の、外からやってきた暴走族がモールにバイクで押し入り「ストリート」を蹂躙する場面も、街の平和を乱す馬に乗ったならず者が街を襲う西部劇おなじみの設定に似ている。

『ゾンビ』は擬似的な家族が「我が街」を「よそ者」から守る物語であり、その「我が街」はモールで、安全な「家」はバックヤードというわけだ。『ゾンビ』はモールを舞台にした西部劇だったのである。

二〇〇九年のコメディ映画『モール・コップ』（スティーブ・カー監督）は『ゾンビ』と西部劇をつなぐ作品といえる。真面目だが肥満の冴えないシングルファーザーの主人公は、警察官に憧れながらも叶わず、モールの警備員を務めている。彼はモールで出会った女性に惹かれる。さまざまなアプローチを試みるがうまくいかない。ある日、強盗団が人質を取ってモールを占拠。なりゆきから、たったひとりでそれに立ち向かう主人公。

失恋した際になぐさめてくれるのはモールの「ストリート」に屋台を出す店主や店員たち。この映画でもモールはひとつの「街」として描かれている。その「街」が悪漢たちに蹂躙される構図は西部劇そのもの。主人公の職業である警備員とは「街」を守る「保安官」だ。主人公はモール内でずっとセグウェイに乗っているのだが、それはまるで馬に乗った姿に見える。

物語の最後のシーンは象徴的だ。強盗団を制圧した主人公の奮闘ぶりを見た警察官が主人公に、警察官にならないか、と誘う。しかし主人公はそれを断り「モールの平和を守る」と答えるのだ。彼にとってモールが「街」になった瞬間である。

古き良き西部劇映画が一本のストリートでのできごとを描く理由は、撮影セットがそのように組まれたからというだけではなく、実際に南北戦争から西部開拓時代の中西部の街がそのような構造を持っていたからだろう。荒野の中に引かれた一本の道。それは「街」の根源的な姿ではないだろうか［註1］。

モールが基本的に一本の「ストリート」を軸に作られているのは、その形式が都市と人間にとって根源的だからだ。などと言うと、さすがに大げさだと思われるだろう。実際、歴史的に見るとモールのストリートは、複数の大型商業施設（核店舗）を結ぶ通路として発展したにすぎない。この通路に専門店を並べると、集客力のある核店舗を行き来するついでに買い物が発生する、という理屈である。核店舗が二つの場合、両端の大型店舗が道でつながれるその形態から「ダンベル型」「二極一軸」などと呼ばれた。つまり、ストリートが先だったわけではない。

しかし、多くのモールで、核店舗よりストリート沿いの専門店のほうにお客さんが集まった。日本におけるモールのパイオニアのひとつである「ららぽーとＴＯＫＹＯ‐ＢＡＹ」のリニューアル変遷に、この現象への対応が表れている。一九八一年に開業したこのモール（当時の名称は「ららぽーと船橋ショッピングセンター」）は、当初典型的なダンベル型であったが、増床を繰り返すごとに「核」がなくなってゆき、現在は他の現代的モールの多くと同様、一本のストリートがぐるりとループする形式になっている。実はぼくの実家は船橋で、この変遷をじかに体験している。

モールと百貨店、ストリートと田んぼ

このことは、人間はぶらぶら歩くことをたいへん好む、ということを表しているように思う。だからストリートが都市にとって根源的であるというのは、それほど大げさな表現ではない。徒歩による移動は苦痛になりうるが、散歩は楽しい。必需品を買うことを目的に商店に赴くことは楽しいこととは限らないが、目的なくぶらぶらすることは楽しい。モールが、単純な物品の販売ではなくそこで時間を過ごさせることを目的に据えたとき、ストリートが主役になるのは当然のなりゆきだった。

単純に言えば、モールは要するに商店街なのである。かつて、古き良き商店街と大規模商業施設は対立するものとして語られたりもしたが、移動の形式からみればモールは商店街の正統な後継者だ。そしてこの点でモールと百貨店を区別することができる。

モールと百貨店あるいはデパートの違いは何か。事業の形態で区別するなら、デパートは小売り業者で、モールは不動産賃貸業者とでもいうべきだ。モールはテナントに場所を貸すことを商売にしている。そういう意味でもモールは商店街に似ている。

両者はさまざまな観点から区別できるが、ここで注目したいのは、モールが「道」でできているのに対し、百貨店は「敷地」でできている、という違いだ。百貨店のフロアは店舗が平面の四方に並んでいて、その周囲に通路がくまなく巡らされている。モールがストリートという往来を中心にできているのと対照的に、百貨店は店の「敷地」が主役だ。百貨店において通路は敷地にアクセスするためのいわばユーティリティである。売上をもたらす「生産地」としての敷地が先行する、という図式は田んぼに似ている。通路はさしずめ「あぜ道」

である。モールが都市だとしたら、百貨店は農地だ［註2］。

シンガーソングライターの半﨑美子は、モールが街であることの証人だ。彼女はいわばストリートミュージシャンである。事務所やレーベルに所属せず、長い間下積みを重ねてきた。その活躍場所がモールだったのだ。出身地の札幌をはじめ、全国のモールを巡って歌を披露し「モールの歌姫」と呼ばれるようになった。路上で歌い始め、スターになったミュージシャンはたくさんいる。半﨑の場合、その出発点がモールという「ストリート」だったのである。

モールが都市計画を肩代わりする

道が単なる移動手段ではなく、街の主役になるためには、人が快適に歩くことができるようになっていなければならない。日本の多くの地域でこれが実現されていない。そんななか、人びとに安心してぶらぶらと散策できる街路を提供しているのはモールだ。たとえば、広い工場跡地が再開発される際、自治体によってその敷地に都市計画道路が引かれて車が行き来するようになるより、まるごとモールになったほうが歩行者にとって理想的な街路になる、ということがありうる。

山口晃『ショッピングモール』（二〇一五年〜）はこのことをよく表している。自身が育った群馬県桐生市を舞台に描いたこの作品は、モールが実現する理想的な歩行者空間を描いたものとして見ることができる。画面中央の駅前にあるのがモールだ。まるで城壁のように駅前商店街を囲ったそれは、モール内部

「モールの歌姫」半﨑美子は現在も全国のモールを巡って歌っている（左・イオンモール旭川西、右・ステラタウン大宮にて）

山口晃『ショッピングモール』2015年－　所蔵：桐生市（公益財団法人大川美術館寄託）

が街であることをストレートに表現している。駅前の道路はこの城壁によって寸断され、内部に自動車が入ることができない。モールによる強引な歩車分離だ。一方、画面右端は時間を越え、江戸時代のものとおぼしき街並みになっている。路面からアスファルト舗装と白線が消え、自動車の姿がない。つまり、ここではモールとはモータリゼーション以前の歩行者空間を取り戻すものと言える。

モールが実現した歩行者空間の実例として、タイはバンコクの中心市街がある。バンコクの中心部には驚くほどたくさんの巨大モールが建設されている。この街の幹線道路沿いは絶望的なほどに歩きにくい。自動車の交通量がすさまじく、歩道は悪路といっていい状態で、それも寸断されている。ここを快適に歩くためには、モール内とモール間をつなぐデッキを移動するのが良い。つまり、都市計画の不備をモールが補っている。

香港も同様で、セントラルやアドミラルティといった中心街は、モールをはじめとした商業施設とそれに付随するデッキやエスカレーターによって、歩車分離がなされている。この歩行者用の道の総延長はかなりのもので、驚くほど遠くまで一度も地上に降りることなく移動できる。建築家のアダム・フランプトン、ジョナサン・D・ソロモン、クララ・ウォンは『Cities Without Ground / A Hong Kong Guidebook』（二〇一二年、Oro Editions）でそのネットワークを詳細に図解し、これらが都市の基本的な公共資源として機能しており、さらに、モールはグローバル資本の空間というより、市民社会の空間として、抵抗の場として出現している、と分析している。

バンコクと香港においては、自動車交通量と歩道整備のほかに、そもそも気候がシビアで、夏は屋外を長時間歩くことがしんどい、という事情もある。この点に関しては第三節で述べよう。

小さな都市

山本文緒『自転しながら公転する』の舞台となっているのは牛久大仏が見える、とあるアウトレットモール。作中では名前は出てこないが、茨城県にある「あみプレミアム・アウトレット」がモデルだろう。ここもまた、基本的にループする一本のストリートで構成されている。

小説の冒頭に「そこには大仏と同じような唐突さで作られた新しい町があった」と、モールのことがはっきりと「新しい町」と書かれている。東京で働いていた主人公は、仕事と家庭の問題から実家のある土地に帰ってきて、このモール内にあるアパレルショップで働いている。物語の中で何回か、かつて遊び働いていた東京の街と、モールだけがある地元とが対比して語られる。冒頭で描いてみせた、自動車でモールまで出かける様子そのままに、モールの周りは広大な駐車場で、敷地のすぐ隣にインターチェンジがある。周囲は田畑、物流倉庫、工場、調節池、あとは大仏だ。物語のほとんどはモールを舞台に進行し、それ以外の描写の大半は、自宅とモールを行き来する車中の描写だ。「ファミリーカーって動くリビングだなと都は思った。そういう点では都の車は動くワンルームだ」。

同じショップで働く若手が、あっさりと辞めては、同じモール内の別の店へ就職するのを繰り返すことに驚く描写も興味深い。きけば、同じ施設内の同業種に転職するのは、業界の紳士協定に反するとのこと。しかしこの人物は飄々として気にしていない様子だ。なぜなら、ここにはこのモールしかないのだから。施設を離れてもほかの施設・店舗、あるいは街がある東京とは事情が違う。ここではこのモールが街全体であることがうかがえる。

このモールは、「小さな東京」あるいは「東京の代替」だ。いくつかの問題を抱えた末、東京からの意に沿わぬ「都落ち」をした主人公。彼女の名前が「都」なのも象徴的である。この小説におけるモールの描かれ方はどちらかといえば否定的だ。しかしそれは比較される東京を称揚するものではない。それどころか東京を、未来のあるホーチミンとシニカルに対比し、現在の日本の社会状況にあっては、実は東京もここで描かれたモールのようなものにすぎないのではないか、と言っている。ちなみに、タイと似てベトナムもモールが急増中で、髙島屋も進出している。

主人公と読者が感じるモールへの違和感はそのまま日本へのそれである。地方のモールが「小さな東京」なのではなく、東京が「大きなモール」なのではないかと思わされる。モールは小さな都市だ。だから、モールを通じて都市を批評することができる。

ジャッキー・チェン監督・主演の映画『ポリス・ストーリー／香港国際警察』（原題：警察故事、一九八五年）のラストシーンは香港の永安広場というモールの吹き抜けで繰り広げられる。ジャッキーが吹き抜けの一番上から下まで電飾を引きちぎりながら落下するアクションがハイライトだ。

なぜこの映画のクライマックスはモールが舞台なのか。それは、香港の街がガラスと鉄で埋め尽くされていて、それとモールの光景が重なったからだという（『僕はジャッキー・チェン―初めて語られる香港帝王の素顔』ジャッキー・チェン著、西間木洋子訳、近代映画社、一九九九年）。つまりモールは香港のミニチュアなのだ。アクションシーンではガラスがこれでもかと破壊される。ストーリーと当時の香港の社会状況と照らし合わせれば、それは香港という街の破壊と受け取れる。ちなみに、あまりにガラスが破壊されるため、この映画は現場で「ガラス・ストーリー」ともじって呼ばれるようになったという。

公共性の復活という夢

佐々木充彦のマンガ『インターウォール』（パイ インターナショナル、二〇一三年）も、実在のモールをモデルに「街」を描いたSF的作品だ。どこまでが幻想でどこまでが現実か、自分はほんとうに自分なのか。P・K・ディックの小説を彷彿とさせるストーリーが「川辺町」と「暴街」という二つの街を舞台に展開する。興味深いのは、川辺町は事実上モールとイコールであることだ。モール以外の場所はほとんど登場しない。モールの名前も「リバーサイド・シティ」と名付けられている。ここでおもしろいのは、モデルになっているモールの名前は「リバーウォーク」

佐々木充彦『インターウォール』より

であることだ。先に述べた「街」と「歩くこと」の議論と合わせて考えると、この名前の変更は示唆的だ。

「リバーウォーク」の正式名称は「リバーウォーク北九州」。北九州の小倉にあるモールだ。二〇〇三年にオープンしたこのモールの設計者はジョン・ジャーディという建築家だ。彼はアメリカの各所でモールを作った。日本ではリバーウォーク北九州以外にキャナルシティ博多や、なんばパークス、六本木ヒルズや電通本社ビルの商業施設部分、川崎のラ チッタデッラなどを手掛けている。先に述べた「モノを買う場所ではなく時間を消費する場所」としてモールに視覚的な愉しみをふんだんに持ち込んだデザイナーという点で、彼こそ「現代的モールの父」と呼ぶにふさわしい。

実はぼくはジョン・ジャーディのいわば孫弟子にあたる。大学時代に師事した先生はジャーディの事務所で主任デザイナーを務め、キャナルシティ博多のデザインも手掛けた人物だった。授業でその計画手法について講義を受けた際に見たのが、粘土で作ったモールの模型である。普通の建築模型は発泡スチロールなどで製作する。なぜ粘土なのか。それは、設計すべきなのは建築ではなく人びとが行き来する空間のほうだから、というのだ。だから粘土の塊をヘラで削って空間を作るという方法をとる。建築は残った部分というわけだ。これにぼくは衝撃を受けた。これはまさに「田んぼ」のレイアウトではなく「ストリート」をデザインする、というモールの基本原則を表している。

ジョン・ジャーディは自らのデザインの目的をこう語っている。「伝統的な集合という街のオーダーは破壊されてしまった。かつては一つひとつの集合体であったが、いまはアッという短期間にバラバラの部分になったものを、もう一度新たにひとつに結びつけ、元のような街に戻すことにチャレンジした」（『プロセスアーキテクチュア』第一〇一号「ジャーディ・パートナーシップ—共有社会的体験の再創出」、一九九二年）。これはモールの生みの親と呼ばれるビクター・グルーエンの目指したものと同じだ（第二節の速水健朗の論考を参照）。モールはその誕生からいまに至るまで、かつての街に存在した公共性の再現を夢見ていたのである。

しかし『自転しながら公転する』を読むと、その試みは成功したとは言えないように思える。実際、モールがかつてのコミュニティを一〇〇%取り戻したと主張する人はいないだろう。『ゾンビ』に、亡者となっても生前の記憶に従ってモールへと集まり、館内BGMにあわせてまるで踊るかのようにエスカレーターで運ばれる、という場面がある。これは高度消費社会への批判であるという読み解きがよく行われる。モールはしばしば消費社会への批判の場として使われてきた。『インターウォール』に描かれた暗さ。『自転しながら公転する』で描写された、日本、東京の相似形としてのモールの閉塞感。グルーエンやジャーディが見た夢は潰えたのだろうか。

山本和音のマンガ『生き残った6人によると』（KADOKAWA ハルタコミックス、二〇二〇年〜）も、ゾンビとモールを組み合わせた作品だ。実写ドラマ化もされたこの作品は、千葉は幕張のモールを舞台にしている。モデルとなっているのは幕張メッセと川ひとつ挟んだ隣にある巨大ショッピングモール「イオンモール幕張新都心」。京葉線沿いの敷地にあり、二〇二三年三月開業の「幕張豊砂駅」の駅前にある。モールが先にあって、その交通利便性のためにあとから駅ができるという現象は、現代のモールが「街」である

ことの表れだ。

成田空港経由で海外から侵入した謎の感染症により住民がゾンビになった千葉県が封鎖され、陸の孤島となったそこで、モールに立てこもって生き延びる方法を探る若者たちの物語。登場人物は若い男女で、ゆえに恋愛模様が繰り広げられる。モールならではの大量の商品に囲まれて、とりあえず水や電気や休息場所の問題が切実ではない状況で展開するのはリアリティショーのような男女関係。一種の災害ユートピアである。同様のシチュエーションにおいて、映画『ゾンビ』で描写されたのが家族とジェンダーの問題であったことと比較するとたいへん興味深い。

作中のモノローグに「思うにここでは未来は未知で過去は役に立たない／生きるとは『誰と共にいるか』という選択であり／恋愛に限りなく近い」という一節がある。グルーエンやジャーディが目指したコミュニティの現代的な意味が、パンデミックによる危機的状況と掛け合わされることであぶり出されているようだ。

「フッド」としてのモール

ヒップホップグループ「Mall Boyz」の楽曲「mallin'」（二〇一九年）は「Hoodがどこにあるとか／気にしたことがないんだよ」から始まる。メンバーのひとりTohjiはインタビューでグループ名の由来に関して「オレたちみんな出身が違うんですよね。オレ自身、フッドらしいフッドもなくて、実家もニュータウンみたいな。だから、田舎以上に逆に何もない風景ではあるんだけど、

『オレらには〝モール〟があるじゃん！』って。小さい頃ショッピングモールで過ごした体験って、外国人も含めてオレらの世代は普通にみんな共有してるっしょって。だからオレら『Mall Boyz』だよねって」（THE MAGAZINE「Mall Boyz ― 唯一無二のスタイルで話題沸騰のラッパー Tohji & gummyboy を擁するボーダレスなクルー」https://magazine.tunecore.co.jp/stories/4792/）と語っている。「フッド」とは「地元」の意である［註3］。

成家慎一郎のマンガ『フードコートで、また明日。』（KADOKAWAコミックス、二〇二一年）は若い世代にとってのモールがどのようなものであるかがよく表れている作品だ。違う高校に通う、優等生風とギャル風の、一見まったくキャラが違うふたりの女子高生。彼女らが放課後にモールのフードコートでおちあってだべる、その様子を描いた作品。フードコート以外の場所はほとんど出てこない。この作品で、ぼくが興味深く思うのは、放課後会ってただだらだらと過ごすだけの場所が、モールのフードコート以外ありえない、という事実だ。

日曜日、奇妙な訪問者のせいで外出する気をそがれた主人公。空想の中で、モールに出かける思春期の男女の想像を巡らせる。筋立てをあえて要約すればそういうものになる岡田利規の短編小説「ショッピングモールで過ごせなかった休日」（『ブロッコリー・レボリューション』収録、新潮社、二〇二二年）。せっかくの休日を部屋で無為にすごすことになってしまったことを悔やみつつ「ショッピングモールに行きたくて行きたくてたまらない、なんてわけじゃないけど、どこにも行かないよりはずっとまし」

『ショッピングモールで過ごせなかった休日』を収録

と述懐するところに、モールの立ち位置が示されている。モールでのデートを楽しむ空想中のふたりがティーンエイジャーだというのもおもしろい。主人公はおそらく三十歳前後だろうか。

いずれにせよ、主人公も空想の中の若いふたりも、買い物を目的とせず、ただなんとなくモールに出かける（つもりだった）という点がもっとも興味深い。動機なしで出かけるには、百貨店は少々据わりが悪い。主人公がほんとうにモールに行く気があったのかどうかはなはだ疑問だが、モールは「どこにも行かないよりはずっとまし」程度の目的地として優れているのは確かだ。

これらの作品を見ると、グルーエンやジャーディが夢見たものは実現したとぼくは感じる。彼らが企図したコミュニティの復活とはだいぶ違うかもしれないが、目的なくぶらりと出かけることができる安全な歩行者空間を実現したというだけでたいしたものだ。というよりも、ほんとうにかつてのコミュニティはそんなにも良いものだったのだろうか？

フジテレビの『逃走中』（二〇〇四年〜）は、街中や遊園地、テーマパークなどでタレントが鬼ごっこをするバラエティ番組だ。さまざまなミッションをこなしながら「ハンター」と呼ばれる鬼役たちから逃げる。つかまらないでいた時間に応じて賞金がもらえるというルールになっている。回によって開催場所が変わるのだが、おもしろいのはしばしばモールが舞台になることだ。鬼ごっこはほんらい街で行うことだが、モールでならそれが

『逃走中』美女とハンターと野獣・埼玉のイオンレイクタウンにて

可能だ。

敵から逃げる、というのは『ゾンビ』以来モールの伝統芸である。そして子供の頃からモールに愛着を持ち「地元」の「街」としてモールをとらえている世代にとって、モールで鬼ごっこをするのは一度はやってみたいことのひとつだろう。もしかしたら実際にやった（そして叱られた）ことがあるのではないか。このような、モールで駆けまわって遊ぶ夢をゲームにしたもののひとつに『スプラトゥーン2』（任天堂、二〇一七年）に登場する「アロワナモール」がある。ゲームの性質上、モールというよりアスレチックパークに似た空間になっているが「モール」と呼ぶことによる高揚感を狙っているのだと思う。

ビリー・アイリッシュ「Therefore I Am」のミュージック・ビデオ（ユニバーサル ミュージック、二〇二〇年）は『逃走中』に通じるものがある。またMall Boyzや『フードコートで、また明日。』などと並んで、ティーンエイジャーのカルチャーとモールの強い結びつきも感じさせる。この映像中でビリーがやっているのは、無人の巨大モールを駆けまわり、ショーケースにあるプレッツェルを盗み食いしたりして、最後には警備員に怒鳴られて逃げる、というもの。これは、彼女のファン層でモールを日常とするティーンエイジャーが一度はやってみたいことではないだろうか。イヤホンで音楽を聴きながら口パクで、モールという「街」を踊るように歩き回る、ということをやったことがある中学生がきっとたくさんいるはずだ。

『Therefore I Am』のMVでは
ビリー・アイリッシュがモールを駆けまわる

モール年代記

「Therefore I Am」のロケ地になったカリフォルニアのショッピングモール「グレンデール・ガレリア」はジョン・ジャーディが設計したものだ。第二節で速水健朗は、ビクター・グルーエンとウォルト・ディズニーのつながりについて指摘しつつ、モールとテーマパークは親戚のような関係にあると論じている。実はこの「グレンデール・ガレリア」も、モールとテーマパークの結びつきに関係している。

ジャーディはこのモールを作ったあとに、レイ・ブラッドベリに会って昼食を共にした。あの偉大な小説家ブラッドベリだ。ジャーディはその席でブラッドベリに「グレンデール・ガレリア」を見たか、と訊ねた。見た、とブラッドベリは答えた。すると「あれはあなたのものです」とジャーディは言った。ジャーディは一九七〇年に発表されたブラッドベリのエッセイ「娘がこっちへ、若者はあっちへ歩く」を読み、さびれた商業地区の再生とコミュニティの復活を図るそのアイデアに触発され「グレンデール・ガレリア」を設計したのだ。

その後ブラッドベリはパートタイムのコンサルタントとしてジャーディと仕事をするようになる。その成果のひとつは、ジャーディの名を広く世に知らしめたサンディエゴのモール「ホートン・プラザ」だ。その構想としてブラッドベリは「迷子の美学」というエッセイを書いている。

これより前、ブラッドベリはもうひとりの「都市計画家」と親交を結んでいる。それがウォルト・ディズニーだ。博覧会が大好きだったふたりは意気投合し、終わらない博覧会としての理想都市のプランを語り合ったという（以上『ブラッドベリ年代記』サム・ウェラー著、中村融訳、河出書房新社、二〇一一年)。つまり、レイ・ブラッドベリを介して、モールとテーマパークは親戚関係になったのだ。ジャーディの発言に対してブラッドベリは「さしつかえなかったら、きみは自分の〝私生児〟だと世の中にいいふらしたい」と言ったという。

モールをミュージック・ビデオのロケ地に選んだ理由についてビリー・アイリッシュは、どのようなビジュアルにするか散々悩んだ末にモールでいいんじゃないかと思いついたと言っているが、彼女のファン層にとって馴染みの場所でありフッドであるモールを選んだのは自然なことだと思う。しかもそれがモールの歴史上重要な「グレンデール・ガレリア」だったというのは素晴らしい偶然だ。

ロックダウン、郷愁

「Therefore I Am」には、もうひとつ注目すべき点がある。それは舞台のモールが無人である点だ。もちろんこれは撮影の都合上そうならざるを得ない、ミュージックビデオにはよくある現象だ。しかし、これがリリースされた二〇二〇年一一月の日付と考え合わせると別の意味が出てくる。つまり、ロックダウンだ。

公開時にこれを見た多くの人が、新型コロナウイルス感染症拡大にともなうモールの閉鎖を連想しただろう。ティーンエイジャーにとって、それはフッドを奪われたことに等しい。そしてゾンビに襲われた人間はゾンビになる、というのは完全にウイルス感染のメカニズムであることに思い当たる。

モールをフッドとする世代の郷愁が反映された音楽ジャンルがある。「モールソフト（Mall Soft）」がそれだ。これは「ヴェイパーウェイヴ（Vaporwave）」と呼ばれる、二〇一〇年代に現れた、楽器を使わないサンプリングを基本とする音楽のサブジャンルである。ヴェイパーウェイヴはもともと一九八〇～九〇年代の大衆文化に対する郷愁と共に、その時代の音楽を切り貼りして作られた。モールソフトはその名の通り、モールをモチーフとしたヴェイパーウェイヴで「猫 シ Corp.」や「식료품 groceries」が代表的なミュージシャンとして知られる。モールで流れているBGMや環境音をミックスした作風が特徴だ。おもしろいのはこのジャンルの支持者やミュージシャンの間で、モールがノスタルジーの対象になっているという点だ。しかも、おそらく彼らは実際の一九八〇～九〇年代を経験していない若い世代だ。

もしかしたら彼らは、ぼくらが街の一角に自分が生まれる前からあるような商店街をみつけ、体験していない郷愁を感じてしまうのと同じような感情を、モールに対して持っているのかもしれない。あらためて気がつくのは、すでにモールがノスタルジーを覚えるに足る歴史を持っているという事実だ。実際、アメリカには閉店して廃墟と化したモールがいたるところにあり、それを専門に巡るユーチューバーもいる。日本でも、閉業したモールはいくつもある。

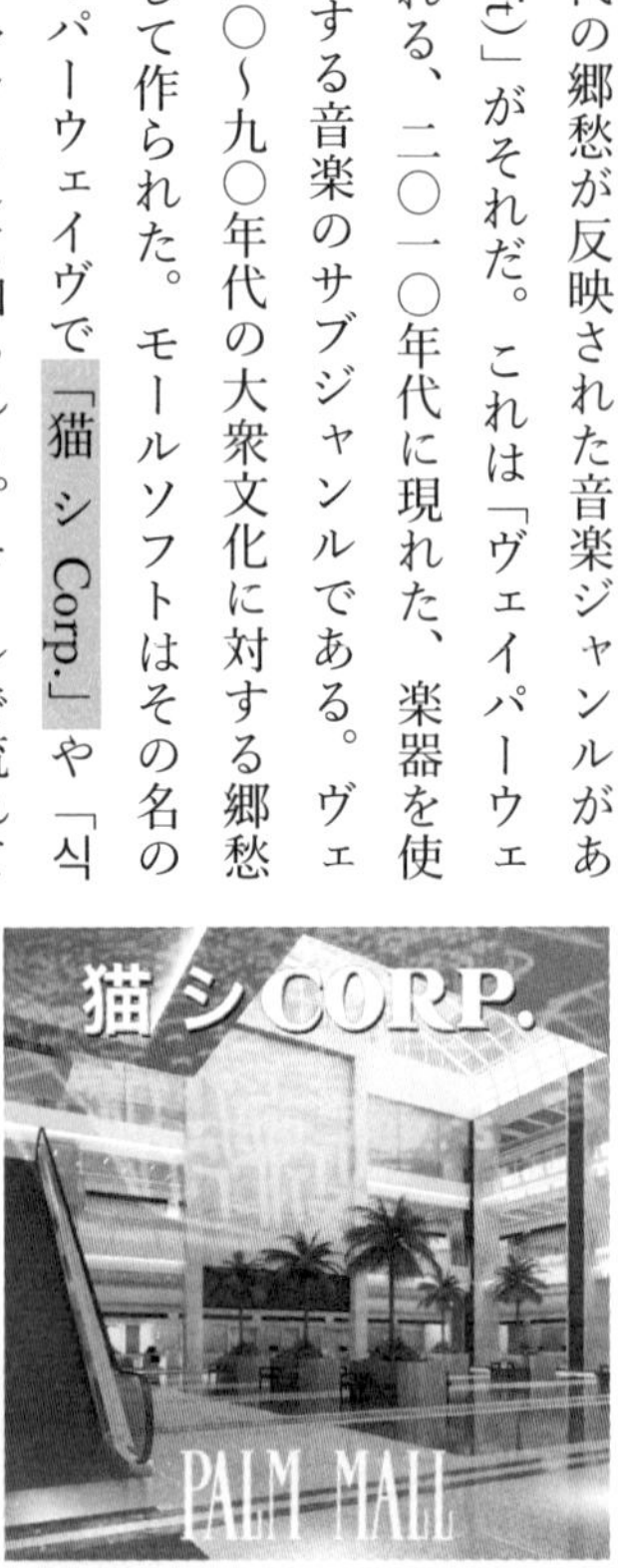

都城市立図書館　リノベーション前（上）と後（下）

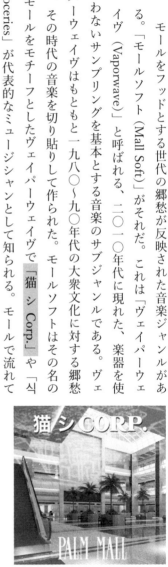

立地・施設としての公共性

閉業したモールに関連して「都城市立図書館」「茨城県土浦市役所」「青森県むつ市役所」を取り上げよう。これらはいずれも閉業した元モールをリノベーションした施設だ。モールの居抜きである。もともと広い駐車場が付随していて、自動車によるアクセスも良いという立地条件に加え、レイアウトの自由がきく大空間という、モールが持っている特長が図書館や市役所といった公共施設に転用しやすかったのだろう。特に都城市立図書館は吹き抜けを活かした読書空間のデザインが見事で、モールの底力を感じる。街を目指したモールはそれゆえ、たとえ商業施設として存続できなくなっても一種の公共性を持つのではないか。

ティーンからさらに下って、幼児とモールについても見てみよう。驚いたことに、モールをテーマにしたおもちゃが少なからずある。おままごとの舞台がモールなのだ。今年五歳になるぼくの息子のことを考えると、それも当然だなと思う。歩車分離された安心して歩けるストリートの恩恵を受けるのは車椅子などの方々とベビーカー、そして言うことを聞かずに走り回る幼児を連れた親だ。ぼくの母親は車椅子なしでは移動できない身なのだが、もはやモール以外の場所に連れて

青森県むつ市役所
リノベーション前（上）と後（下）

茨城県土浦市役所
リノベーション前（上）と後（下）

リカちゃんシリーズの舞台もモールだ

行く気がしない。さきほどから繰り返している、モールを「理想の街」と呼ぶことに違和感がある方も多いと思うが、すくなくともバリアフリーが圧倒的に広い面積で達成されているのはモールである。車椅子とベビーカーに乗る人と押す人にとって、モールが「理想の街」であることは間違いない。フードコートをたまり場にするのは女子高生だけではない。

バリアフリー整備と、子どもが騒いでも人びとが気にしない環境が整っていることによって、おのずと子どものフッドはモールになる。それがおもちゃにも反映されているわけだ。

モールはぼくらにとってもはや欠かせない「街」であり、そこで時間を過ごし、思い出と愛着を持っている人びとがたくさんいる。そして映画『ゾンビ』をはじめとした作品たちがモールにさまざまな批評を積み重ねてきた結果、こんにち、モールについて考えること、想像することが豊かな意味を持つようになった。いまやあらゆる意味でモールは「インフラ」なのである。

しかも、その思想は世界中の人と共有することができる。この点が、現代の「理想の街」には重要なことだとぼくは考えている。Tohjiが言うように、フッドであると同時にどのモールも似ていて共有できる。基本的にストリートと吹き抜けで構成され、「ＺＡＲＡ」や「ＭＵＪＩ」「Apple Store」といった、世界中で共通するテナントが見られる。エレベーターの位置やトイレの位置も似ている。異国の初めて訪れたモールなのに、なんとなくトイレの場所が分かったことがあって、自分でも驚いた。

客のいでたちも似ている。モールにドレスアップして来る人はいない。Ｔシャツにラフなスラックス、履いているのはクロックスだろうか。モールの内観を写真に撮って見ると、一見しただけではどこの国のものか分からない。クリスマスになれば多くの国のモールの吹き抜けにツリーが立つ。

モールは、個別だが似ている。似ているけれどどれも違う。

「モール共和国」

世界中の人びとと共有できるという点で、東浩紀の小説『クォンタム・ファミリーズ』（新潮社、二〇〇九年／河出文庫、二〇一三年）にたいへん興味深いシーンがある。モールがテロリスト集団の標的になるのだ。オリンピックの開会式に合わせて、世界中で同時多発テロが実行される。ロンドンの図書館、ドバイのテーマパーク、ロサンゼルスの病院、そして東京郊外のモールで。このテロは政治的な意味をまったく持たない、純粋に資本主義と消費社会だけを対象としたものとされている。前出のテロ対象のうち、その目的にもっとも合致するのは、モールだろう。

主人公も銃を突きつけられ、あやうく殺されそうになる。それを免れたいきさつがおもしろい。テロリストが誰何するのだ。「おまえは日本人か」「年収はいくらだ」と。嘘をついて年収を実際より低く答えた主人公は九死に一生を得る。彼らは金持ちと外国人を標的にしていた。ここでのポイントは、モールには金持ちもそうでない人も、日本人も外国人もやってくる、そしてそれは見た目では分からない、という事実だ。これはモールの性質をよく表している。

おそらく、モールはイデオロギーや階層、国境を越えている。「似ている」という性質は、グルーエンやジャーディが夢見たコミュニティの先にある現代の「理想の街」を成立させるための条件だと思う。世界中のいろいろな国に似たようなモールがあるのではなく、世界中に「モール共和国」が小さな領土を分散して持っているのだ。それは単に経済と商業・消費のグローバル化がもたらした現象にすぎない、と言われればその通りだ。ほんとうの貧困層もやってこない。ただ、ぼくは消費空間にモールという「似た」空間が与えられたことのほうを重視している。ストリートという、人間にとって根源的な形態が選ばれたことによって、単なる経済のグローバル化の話ではなく、より根源的な、人間の身体や場の存在論に通じるはずだからだ。

前述したおもちゃに関連して、子供向けの絵本に「モール共和国」を象徴する作品がある。ビオレッティ・アレッサンドロ作『なぞなぞショッピングモールでおかいもの』(303BOOKS、二〇二二年)だ。身の回りの物事が答えになるなぞなぞが描かれている。つまり、モールにはあらゆる物がそろっていることを示しているわけだが、それ以上におもしろいのは、主人公が、地球に不時着した宇宙船から出てきた異星人の男の子であることだ。彼に出会った女の子が案内役を買って出るわけだが、要するにこれはモールが地球の典型として扱われている、ということだ。確かに、着陸したのがどこの国であっても、モールに行けば地球人カルチャーの平均値が分かる。これが「モール共和国」である。

アニメ映画『サイダーのように言葉が湧き上がる』はティーンエイジャーの恋愛と共に、

モールの「街性」を描いた傑作である。かつてストリートで繰り広げられた出来事が、すべてモールで起こる。悪ガキがスケボーに乗って大人から逃げるドタバタ劇、出会い頭にぶつかるボーイ・ミーツ・ガールの場面も吹き抜けだ。秘密基地もモールの屋上にある。重要な登場人物のひとりは男性の老人なのだが、彼が通うデイサービスもモールの中にある。このような社会福祉施設をはじめ、役所の出張所がモール内に置かれるのは実際にあることで、先に述べた「公共性」「インフラ」はこの意味でも事実だ。

極めつけは、そのデイサービスで行われる吟行のシーン。俳句を詠むために、季節を感じさせる物事を探しに出かけるのだが、なんとそれがモールの中で行われるのだ。その結果、マネキンが浴衣を着せられるようになったことを詠んだ句が披露される。確かに、視覚的には、住宅街などよりもよっぽどモール内の商品のほうが季節に敏感に反応する。この映画は、シニカルになることなく現代のモールの実相を描いた希有な作品だ。本書で主張したいことの大半がここに描かれている。

『サイダーのように言葉が湧き上がる』のモールのモデルになっているのはイオンモール高崎である。特に、周辺の様子がかなり忠実に描かれている。主人公の男女ふたりが言葉を交わすシーンはいつもモールの周りに広がる田んぼのあぜ道である。ここなら誰もいない。モール内の「ストリート」が人であふれている一方、「ユーティリティ」

協力：スタジオ心　中村千恵子

であるあぜ道に人がいないことは、前述した比喩そのままで興味深い。田んぼの横にはバイパス道路。その向こうにモールの外観。

この歩行者がいない田んぼとバイパス、その中に建つモール、という組み合わせは、モールが何であるかを物語る重要な風景である。第三節ではそれについて述べよう。

第二節　モールとは何か──その源流から考える

速水健朗

ビクター・グルーエンと郊外生活

ショッピングモールは、世界の都市とその郊外に点在する。各国のモールにそれぞれ特徴があり、吹き抜けの構造、回廊式の通路、密閉空間の温度をエアコンディショナーで一定に保つシステム、さらに駐車場やフードコートが共通のもの。さらに規模によってはシネマコンプレックスが併設されているなど、重なる要素が多々存在するのだ。

〝建築様式〟なる言葉がある。エンクローズド型、ガレリア型、三層式など、モールで使われている様式を総合した〝ショッピングモール〟は、すでに二十世紀を代表する建築様式である。

ショッピングモールは、複数の専門店を集めた商業施設だ。それが生まれたのは、アメリカで一家に一台の規模で自動車が普及した一九五〇年代のこと。中流家族たちは、揃って郊外の新しい住宅地に家を購入し、新しい生活を始める。街路樹が等間隔で並ぶ街の一軒家住宅には、ガレージが備わっており、流線形のスタイルの車が収まっている。そして、家の中には家事の手助けをする電化製品群とテレビが置かれている。どれも親の世代が持っていなかった新しいテクノロジーが使われたアイテム。アメリカの中流階級の生活は、かつてない豊かなもので、人々が家の中で過ごす時間も飛躍的にのびた。

一方、郊外住宅の暮らしは、自宅と職場（や学校）を自動車で行き来するドア・トゥ・ドアの日常でもある。そこから失われたのは、誰かと偶然に顔をあわせる機会だった。

そんな郊外に大規模商業施設が登場する。その始まりは、一九四〇年代。ただし、この時期は、いわゆるショッピングモール前史に当たるもの。その歴史の転換となる建築物が一九五六年に開業するミネアポリス郊外のサウスデール・センターだ。吹き抜けの〝ガーデンコート〟を備え、外部の空気と遮断されたエンクローズド型の商業施設は、現代のモールの先駆けだった。

設計者であるビクター・グルーエン（一九〇三～一九八〇年、ちなみに、彼はこれ以前にもいくつもの商業施設を設計している）は、ショッピングモールの生みの親である。彼は、商業施設の設計をするだけでなく、郊外居住者たちが家族以外の人と過ごすための空間について考えた。つまり、その空間、商業と公共の両役割を果たす場所がショッピングモールだった。

ここで重要なのは、あくまで顔を知らないもの同士が〝すれ違う〟程度の場所という要素だ。かつて、アメリカの大都市では、移民、人種、社会階層によって住むエリアが明確に分かれ、濃密な共同体が存在した。それが住宅の郊外化や核家族での暮らしの普及と同時に失われていきもする。近代化の中で、人は、自由やプライバシーが優先される生活を選び取った。

しかし、それによって孤独にもさらされた。郊外での新しい生活、つまりドア・トゥ・ドアの毎日は、隣に住む人の顔も見えない、慣れない日々の始まりでもあったのだ。

グルーエンが生み出したショッピングモールは、適度に人に触れることができる空間である。雑多な人が集まり、他者との距離を縮めるのと同時に、誰とも話さずに買い物を済ませることができる場所。つまり、基本的には消費のために存在する施設でありながら、共同体との接触という機能をも備えている。

モールは、建築物と都市計画の中間的な存在だ。活気のある昔ながらの市場（マーケットプレイス）とも違う、また、一流品が手に入る百貨店のような場所とも違う。むしろ、どちらにもなりきれていない場所。

そんなショッピングモール（サウスデール・センター）を建築家のフランク・ロイド・ライトは、「駅舎かバスステーションじゃないか」と評価した。これは言い得て妙である。ライトの批評は、つまるところ悪口だ。「ダウンタウンを残すべきだった」とも指摘した。ライトには、モールが失敗建築に見えたのだ。彼に限らず、当時の社会には、ショッピングモールは悪しきものにも見えていたはずだ。郊外に生まれた、消費のための俗悪な空間で、茫漠とした場所。モールの空間が持つ意味を人々が理解するまでには時間が必要だったのだ。

ショッピングモールで重視されていたのは車と人の分離である。グルーエンのアイデアの根底にもそれがある。モールを訪れる人は、自動車を利用する。そして、駐車場から先は徒歩での移動を余儀なくされる。道路と切り離された安全な空間で自由に歩くこと、そこで人とすれ違う。たったそれだけのこと。だが自動車中心の社会、都市の変化の中でそれは大きな意味を持つものだった。人間同士の距離、人とテクノロジーの関係をグルーエンは再設計し、ショッピングモールを生み出したのだ。

エベネザー・ハワードと田園都市

エベネザー・ハワード（一八五〇〜一九二八年）が『明日の田園都市』（この題名での改訂は一九〇二年）を発表したのは、十九世紀末のこと。田園都市（Garden City）は、当時のイギリスの都市の問題（人口の過密化に伴う衛生状態の劣悪化）を解決するための都市計画であり、〝脱都市〟の提案だった。

田園都市の中央には花壇が置かれ、周囲には公共建築が並んでいる。ハワードが想定したのは、市役所、講堂、劇場、図書館、博物館である。その中心から六つの幅員四十メートルの幹線道路が同心円状に広がる。公共建築物の外には公園が置かれ、さらにその外周に水晶宮が配置される。

水晶宮は、ガラス張りのアーケードのある空間である。商品が展示販売され、買うことも眺めながら歩くこともできる。ウィンドウショッピングの場所。現代のショッピングモールのような場所なのだ。このさらに外側に住宅群が広がり、さらに外側には農地、酪農場、工場などが配置されるという構想。

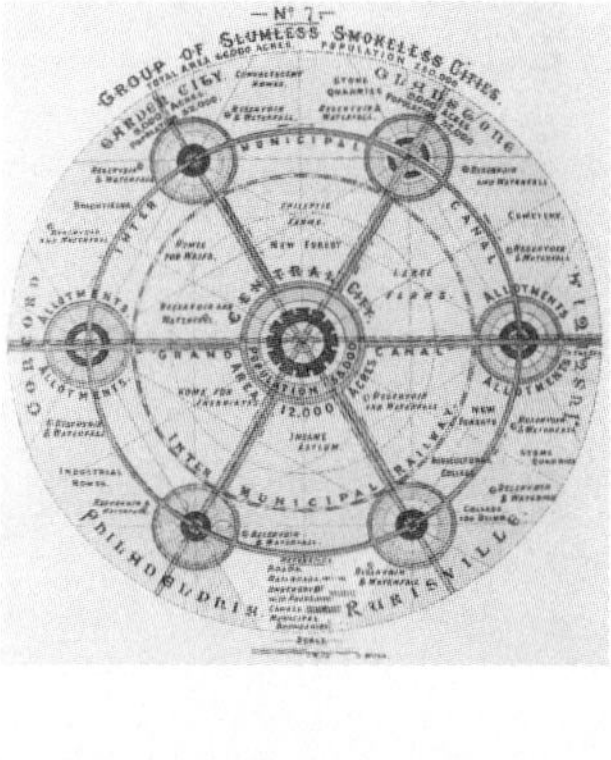

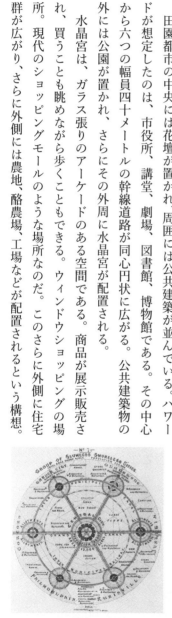

そして田園都市では、区切りのための緑地ベルトが設置される。ここは重要な部分で、都市のサイズが無限に広がることを防いだのだ。

ハワードのアイデアは、元々、都市の長所と田舎の長所を結びつけようというものだった。農業を産業の中核に据えるが、工業エリアも存在する。工場は電化により大気を汚染しないものが選ばれる。ただ、これらは、半径一マイル（約一・六キロ）程度のコンパクトなエリアの中で存在する。この近接性の重視が、田園都市の特徴のひとつだ。

もうひとつ重要な特徴は、これが複数並ぶという部分。住宅、農地、工場が集まった三万人規模の小都市が、中核部分の都市から二・五マイル（約四キロ）離れた幹線道路沿いに多数建設される。そして、衛星都市同士が運河や鉄道、幹線道路によって接続される。田園都市は、自給自足を目的とした共同体ではなく、外部と人とモノが頻繁に行き来する、市場経済を活かした〝都市〟だったのだ。

田園都市の実践例として知られるのがロンドン郊外のレッチワースだ。ここを参考にしてつくられたニュータウンが二十世紀に世界中に誕生する。しかし、レッチワースは、ハワードの田園都市の構想の一部に過ぎない。ネットワークで結ばれた衛星都市群というアイデアは、あまり真似されることがなかった。

ハワードの田園都市は、のちのショッピングモールに影響を与えている。過密化した都市から距離をとる〝脱都市〟という発想。狭いエリアに機能を集中させる箱庭的な要素。さらには自然との接点を重視するコンセプト。ショッピングモールの発明者であるグルーエンも、モール同士をネットワーク状に結ぶような構想を持っていたという。しかし、それも実現されていない。

『フューチュラマ』と未来都市

一九三九、一九四〇年に開催されたニューヨーク万国博覧会でもっとも注目された展示物の『フューチュラマ』は、当時から二十年後、つまり一九六〇年頃の未来都市の姿を再現するジオラマである。

企画したのは、ゼネラルモーターズ。まさにこれから本格化する自動車中心の社会を見据えたものだった。客は皆、ベルトコンベアーのように移動するシートに座ってガラス越しに展示を眺める。オートメーションの展示方式も未来的だった。

ジオラマには、片側七レーンの直線的なハイウェイが登場する。一九三〇年代は、モータリゼーションの初期に当たる時期だが、すでに都市部では交通渋滞が発生していた。複数レーンのハイウェイは、これを解決するアイデアのひとつで、自動車は電波によってコントロールされ、同じ間隔を保って自動走行する。また、ハイウェイには減速せず合流できるランプ（出入り口）による交差システムも描かれ、直線的なハイウェイが立体的に交差している。現代の私たちから見ても十分に未来的な光景である。

その大規模なハイウェイの脇には、五階建ての建物がある。屋上に公園があるショッピングモールのような見た目である。建物の周囲では、歩行用の通路と自動車が走る道路が立体交差している。人と自動車のゾーンを分ける発想は、ショッピングモールが生まれる折に、その初期の設計者であるビクター・グルーエンが提示したアイデアと一致するもの。

『フューチュラマ』で描かれたのは、ハイウェイとハイウェイ、自動車と人、都市部と郊外、それらが立体的、有機的に交差する都市である。このジオラマ都市の見た目はSFのようではあるが、単なる未来都市像の提示だっただけでなく、ゼネラルモーターズがアメリカの産業界全体を代表し、社会に向けて行ったプレゼンテーションでもあった。

『フューチュラマ』の製作には、約七百人の職人、アーティストが関わっていた。その中には、まだアメリカに移住して間もない時期のビクター・グルーエンも加わっていた。アメリカに本格的なショッピングモールが登場するのは、『フューチュラマ』が公開された十数年後のことだ。

ウォルト・ディズニーの都市計画

最晩年のウォルト・ディズニー（一九〇一〜一九六六年）は、都市の建設という構想に真剣に取り組んでいた。そもそも、一九五五年に開業したディズニーランドは、十九世紀の古い街並みを再現し、園内に鉄道を敷き動かすなど、ウォルトの理想のアメリカを再現するものだった。その建設に成功した彼が、その次に、理想の都市の設計に乗り出そうというのは、自然な流れだったとも言えるだろう。ウォルトは、都市建設の用地をフロリダ州で取得するなど、実行の段階にまでこぎつけていた。

ウォルトの想像上の都市の中心部には、ホテルや劇場やアーケードがあり、ショッピングモールが建っていた。そして、その中心地と周囲の居住地域は、モノレールによって接続されている。これは、エベネザー・ハワードの田園都市を手本にしたものでもある。都市計画に取り組んでいた当時のウォルトの本棚には、『明日の田園都市』（一八九八年）が並んでいた。

本棚には、もう一冊、ビクター・グルーエンの著作も並んでいた。ウォルトは、グルーエンが設計したショッピングモールに関心を寄せ、実際に視察にも出かけていた。

テーマパークとモールは、親戚のような関係にある。両者は、一九五〇年代にほぼ同時に誕生したもので、どちらも田園都市の発想の発展型である。また、どちらも消費社会を象徴する空間でもあった。

ウォルトの都市計画は、単なる趣味の延長ではなかった。都市が抱える諸問題を解決するためのものという側面を持ったものでもあった。道路を通すのは、都市の地下である。排気ガスを出さない電気自動車が使われる。また、ゴミ収集なども地下で行われる。

人々の生活の場は、表に置かれ、それ以外の機能は裏に隠す。都市を表と裏で切り分ける。これらは、街の景観を守るためのアイデアだった。ウォルトは、テーマパークの運営で用いられている手法を、都市にも持ち込もうと考えたのだ。

だがこの都市の計画は、実現には至らなかった。ウォルトの死去（一九六六年）とともに計画は頓挫したのだ。ウォルトの考えていた都市の提案の一部は、のちにフロリダのディズニーワールドにつくられた未来都市をテーマとするパーク「ＥＰＣＯＴ」（Experimental Prototype Community of Tomorrow）として残されている。

ショッピングモールは、十九世紀の空想社会主義者たちが思い描いた理想郷の影響を受けながら、二十世紀の都市の諸問題の解決を図る手段の集合物である。

第三節 内と外が反転したユートピア

大山 顕

存在しない「外」

モールはその内部に「理想の街」を作る。ではその外側はどうなっているのだろう。第一節で描いたモールへの道筋の、通過するバイパスは人が快適に歩くようにはできていない。バイパスとは、ある地点からある地点へ効率よく移動するためのもので、車内の人びとは車窓の風景を気に留めない。モールに到着すると、そこは広大な駐車場だ。そこはバイパスの延長のようなもので、人が滞在するための場所ではない。そそくさとエントランスをくぐると、もう外は見えない。モールには窓がない。モール内部が街なのだから、その「外」など存在しないのだ[註4]。

つまりモールは内と外が反転した空間だ。自動車というリビングの延長を介して、家のドアはモールのエントランスに接続している。人びとはモールの外観をじっくりと眺めることはない。これは建築として考えた場合、少々奇妙だ。一般的に建築はモニュメンタルであろうとする。ファサード

© 高橋聖一　双葉社

（顔）が重要だ。しかしモールには事実上外観が存在しない。

モールという宇宙船

内部に「街」があり外部には何もない。その最たるものは宇宙船だ。このモールと宇宙船との類似をストレートに描いたのが高橋聖一のマンガ『われわれは地球人だ！』（双葉社アクションコミックス、二〇二二年）だ。なぜか突如打ち上げられ宇宙船となってしまった巨大モール。偶然館内にいた三人の女子高生が、このモール宇宙船に乗って星々を訪れ異星人たちと出会う物語。奇妙な異星人の生態・慣習と出会った彼女たちの目を通して、地球の文化が相対化されていくのが見所なのだが、その地球の文化を代表しているのがモールとそこにある商品群なのだ。これは第一節で紹介した絵本『なぞなぞショッピングモールでおかいもの』の逆の構図だ。

「内部に街がある宇宙船」を描いた傑作に『メガゾーン23』（製作：あいどる、一九八五年、石黒昇監督）がある。物語の前半は、バブル前夜の、キラキラした八〇年代の原宿・渋谷を舞台に、やんちゃな若者たちの青春模様が繰り広げられる。しかし、主人公が地下に隠された廃墟化した都市をみつけてから様相が一変する。なんと、人びとが暮らしているのは東京の街並みを再現した宇宙船の中だったのだ。時はすでに二十五世紀。戦争によって地球が壊滅し、巨大な宇宙船で脱出した人類は、その内部に平和な擬似都市を作った。このことに気付かないように、宇宙船を支配するコンピューターが情報操作

『メガゾーン23』より

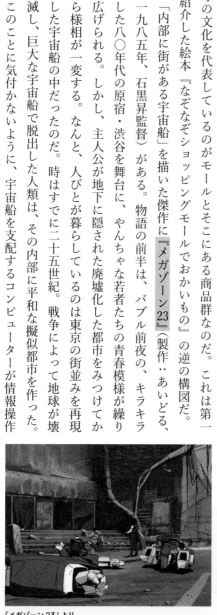

していたのだ。そしていま、ふたたび戦争が始まろうとしていた。

モールとユートピア

『メガゾーン23』のハイライトは、主人公が「なぜこの世界を二十世紀の終わりに設定したんだ?」という問いに対するコンピューターの回答だ。「それは、その時代が人びとにとっていちばん平和な時代だったからです」というのだ。

フライングジラフのボカロ曲『ショッピングモール』では「黄昏のユートピア」という歌詞が歌われる。外部がなく箱庭のような街が内部にある、という形式はユートピアを目指すのではないか。トマス・モアが描いたユートピアも、海の孤島だった。海と川で二重に守られた馬蹄形の島で、もともとは大陸の一部だったものが切り離されたという設定だ。「理想の街」は外部を持たない閉鎖した構造を持つらしい。

もちろん、モールは文字通りのユートピアなどではない。『メガゾーン23』でのコンピューターの「いちばん平和な時代だったから」という発言も、実際には一九八五年当時はイラン・イラク戦争のまっただなかで、各地で航空機のハイジャックやテロが頻発していたことを考えると欺瞞としかいいようがない。ただ、ビクター・グルーエンやジョン・ジャーディが夢見た理想のモー

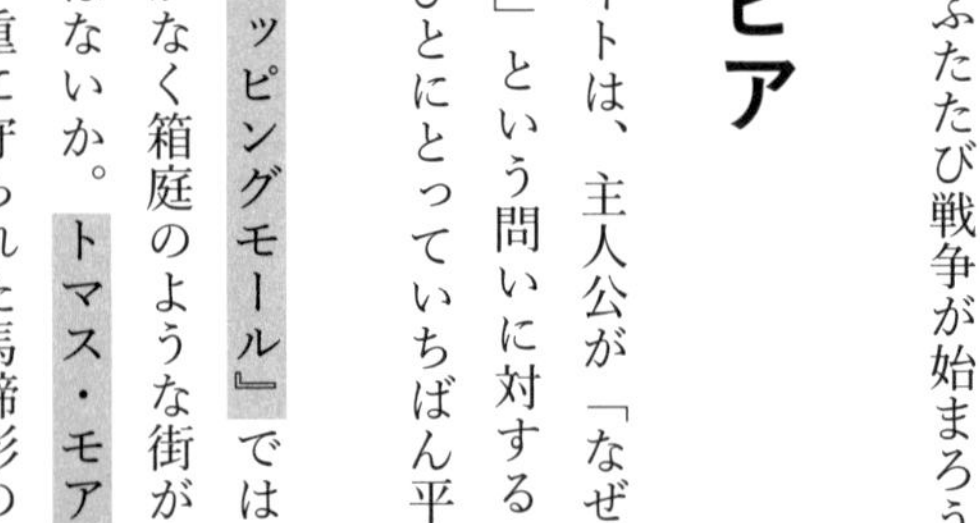

フライングジラフ『ショッピングモール／Flying feat.IA』
イラスト：neyagi

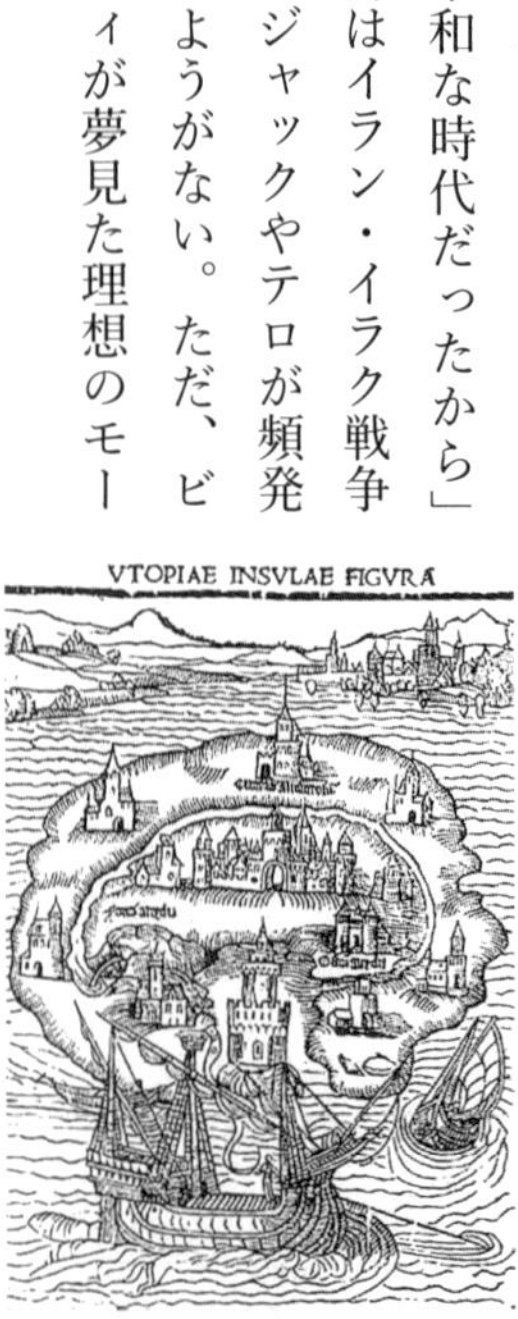

『ユートピア』初版の挿絵

ルの形式が、人間が繰り返し想像するひとつの都市の形式、ユートピア島の構造に似ているということが興味深い。

一九八四年に公開された劇場版アニメ『うる星やつら2 ビューティフル・ドリーマー』（押井守監督）も、一種の「内部に街がある宇宙船」を描いている。学園祭開幕前日を延々とループする世界に巻き込まれた主人公たち。異変に気付いた彼らが飛行機に乗って上空から見下ろすと、なんと自分たちの街が切り取られ宇宙空間を漂う巨大な亀の背中に乗っているではないか。

亀などの動物が大地を支える、という世界観はよく見るものだ。中世イスラムでは、世界を支える天使の下に巨大な牛がいて、その牛は「バハムート」と呼ばれるさらに巨大な魚に乗っている、とされたという。『メガゾーン23』の世界を支配するコンピューターの名前は「バハムート」だ。そしてこのコンピューター「バハムート」の形状は吹き抜けに似ていた。

それにしても同じ一日が繰り返され、学園祭前日を永遠に続ける、という設定は見事だ。現代のぼくらは、純粋なユートピアなど存在しないことをよく知っているが、一時的になら擬似的に成立しうることも知っている。祭がそれだ。外部を失った箱庭のユートピアが祭を準備し続けるというのはたいへん示唆的である。祭のように一時的になら、モールもユートピアを実現できるかもしれない。モールに営業時間があるのはそのためなのだろうか。

モールの外観は撮れるか

モールに興味を覚え、写真家であるぼくはその写真を撮ろうとした。しかし、どうしてもうまく撮ることができなかった。なぜ撮れなかったのか。外観を撮ろうとしていたからだ。モールに「外部」はないのだから撮れなくて当然だ。ではどこを撮れば良いのだろう。ぼくは都市の中の構造物を撮ってきた写真家だ。モールにおけるそれはいったいどこなのか。

吹き抜けだ、と気付くのに少し時間がかかった。吹き抜けはモールの中でもっとも建築的な部分だ。「ストリート」の先に空隙という建築物が建っている。吹き抜けは反転した構造物だ。赤瀬川原平の『宇宙の罐詰』のよう。かくして撮り集めたのが本書冒頭の写真である。宇宙船のような雰囲気を出すために、大げさな湾曲を持たせている。

とはいえ、物理的には確かにモールにも「外部」がちゃんと存在している。優秀な写真家ならばそれを撮ることができる。小野啓のモールシリーズがそれだ。存在しないものをとらえるのは、写真家の重要な仕事なのだな、と感じ入った次第だ。

もぐこんのマンガ『イオンにみせられて』（講談社、二〇一七年）に登場する主人公の女性は、趣味としてモールを巡りその外観を撮る。まるで小野啓のようだ。しかし同時に彼女はモールには外部がないということも分かっている。この点がたいへんおもしろい。「『モール』は街そのものだから／その外側を気

もぐこん『イオンにみせられて』より

小野啓『モール』より

にすることはない／モールのつくりはテーマパークに似ている／内側は華やかで楽しげだが一歩外側に出るとそっけない感じがする／だから内と外をつなぐ窓がない」と見事にモールの本質を見抜いている。見抜いたうえで外観を撮る。そして最後にこう言うのだ。「モールが／模型の宇宙船みたいに立体的に浮かんでくる」と。

モールとパラダイス

アメリカには有名な「外部が存在しない一本のストリート」がある。ラスベガスだ。ラスベガスと聞いて思い起こされるあの風景は、ストリップと呼ばれる道路沿いのカジノ・ホテル群である。ラスベガスとは、事実上、このストリップのことである。市街の周りは広大な砂漠。車で五分も走ると不毛の土地になる。真夏にここに放り出されたらすぐに死んでしまうだろう。第一節で述べた西部劇のストリートが極端な形で発展するとラスベガスになるのだな、と思わされる。ちなみに映画『モール・コップ』の第二作目の舞台はラスベガスである。

現在のラスベガスはギャンブルの街から総合エンターテインメントの街へと変わりつつある。存在感があるのは、カジノよりも劇場、そしてモールだ。ジョン・ジャーディはこの街の転換に大きな貢献をしている。ベラージオをはじめ、いくつかのカジノ・ホテルは彼の手によるもので、旧市街の再開発にもたずさわった。砂漠に走る一本のストリート。ラスベガス自体が大きな「モール」に見える。そのモールの中に入れ子状にいくつものモールが建っているというわけだ。

『ラスベガス・ストリップ』撮影・大山顕

『ラスベガスの航空写真』From Google Earth

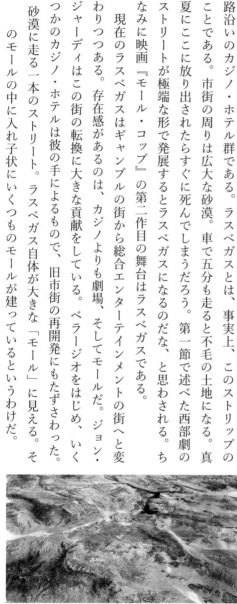

このストリップがある地域の地名は「パラダイス」という。この語はペルシャ語の「パイリダエーザ」からきている。パイリダエーザは壁で囲まれた庭園を指す言葉である。ペルシャの庭園は四分庭園（チャハルバーグ）と呼ばれる形式で知られる。これは十字に交わる水路によって敷地を四分割したデザインで、エデンの楽園をイメージしたものともいわれる。

植物や水を主要なモチーフとしていて、砂漠の民が、楽園をどういう風に考えていたかがよく分かる。砂漠に作られた壁に囲まれたパラダイス。これもまた、内と外が反転した空間である。さきほど、モールをユートピアに喩えたが、パラダイスのほうが適切かもしれない。

この四分庭園を日本のモールで発見した。舞浜のディズニーランドに隣接したモール「イクスピアリ」でだ。セオリー通り内部に街を再現したこのモールの一角、小さな吹き抜けの階段がある場所の壁面に、大きく四分庭園の絵が描かれている。幾人かの関係者にたずねたのだが、なぜここにこのような絵があるのか不明だという。ぼくとしては現代的モールが発祥した地の気候と、モールが一種のパラダイスを目指していることを表現するためだ、と解釈したい。

モール性気候とその植生

日本のモールに伝わるパラダイスの片鱗を、ぼくは館内に置かれた植栽に感じとる。街を作るという意味でもグリーンは欠かせない。ほんらい植物は屋内には生えていないはずのものだ。植栽があることは、そこが擬似的に「外」であることを表しているように思う。

第一節で、バンコクと香港を例に、気候のシビアさについて触れた。これらの国では特にモールは「パラダイス」だと感じる。空調が効いているからだ。日本のモールの場合、館内気温は「ビル衛生管理法」（正式名称「建築物における衛生的環境の確保に関する法律」）に定められた、摂氏一七〜二八度の間で保たれる。そして雨が降らない。これは地中海性気候に近い。ジャーディが活躍した現代的モール揺籃の地であり、彼が設立した会社「ザ・ジャーディ・パートナーシップ」の本社所在地でもあるロサンゼルスは地中海性気候だ。

しかし人間にとって快適な環境はかならずしも植物にとってもそうとは限らない。植物にとって最も問題となるのは、この「モール性気候」は基本的に陽が差さないということだ。となると厳しいモール性気候に耐えられる植物が必要になる。その結果、モールで見られる観葉植物の多くが熱帯地方原産のもので占められる。鬱蒼としたジャングルの下生えという環境に適応した耐陰性の高いものたち。つまり、モール性気候は日照の観点から見るとジャングルに似ている。

考えてみれば「観葉植物」という呼称は奇妙だ。人間の眼に好ましく映ることだけを存在理由にしているということなのだから。だとしたら、ほんらい雨も降らず陽も差さないというモール性気候に最も適応し、見た目だけを提供する「植物」は擬木・造花のはずだ。そういえば、映画『モール・コップ』のハイライトシーンは、造花・擬木に覆われた「フォレスト・カフェ」での立ち回りであった。

『グランツリー武蔵小杉・折り鶴オブジェ』木の葉は４万羽の折り鶴。大部分は近くの神社でお焚き上げされた

第四節　バックヤードに窓をあける

大山　顕

人間にとっての見た目だけを期待されるモールのグリーン。その行き着いた姿を、二〇一四年にオープンした武蔵小杉のモール「グランツリー武蔵小杉」の記念イベントで見た。吹き抜けにあった高さ八メートルの「擬木」。葉に見える緑の部分は、実は全て折り鶴だ。その数四万羽。折ったのは主に近隣住民。地域とのコミュニケーションの一環として行われた参加型企画だそうだ。その一部は現在も館内に残っているが、大部分は近くの神社でお焚き上げされた。生物であることを超越して、見栄えとメッセージとしてのグリーン。モール性気候に適応した「植物」の究極の姿を見た思いがする。

映画『ゾンビ』には、死んだ仲間をモール内の観葉植物の下に埋葬するシーンがあった。「街」であるモールには墓場もある。それはモール性気候に耐える植物のおかげだ。

どんなユートピアも、それを支えるバックヤードなしには成立しない。第三節で、モールには窓がない、と指摘した。なぜなら一本のストリートで構成されるユートピアが空間の中心にあり、その周縁、つまり建物の外周はバックヤードだからだ。

モールや百貨店といった小売りの売り場空間が「表」であることは疑いないように思われる。これまで繰り返し言ってきた「ユートピア」の語が大げさながらもいくばくかの真実味を帯びていたのは、買い物の空間は華やかな表舞台だとされてきたからだ。

第一節で、閉業したモールを公共施設に転用している例を挙げた。あれらのような居抜きの例は少ないが、モールの廃業自体は珍しくない。日本ショッピングセンター協会『SC白書2022』によれば二〇二一年に閉業したショッピングセンターの数は四十四ある。規模が大きく「街」にも似たモールの閉業が周辺に与える影響は大きい。近年話題になった事例として二〇一九年二月に閉店した佐賀県上峰町坊所のイオン上峰店がある。同町の武廣勇平町長は「イオンがあるから、と上峰に転居してきた人も多い」と述べ［註5］、「人口一万人の小さな町にとって、イオンは生活を支えるインフラだった。閉店で、町全体が沈滞した雰囲気になっている」と語った［註6］。「インフラ」とは「下部構造」のことであり、つまり「裏方」だ。

人間にとって買い物は、最初から楽しみだったわけではない。売り場に行って商品を見てそれを買う、という行為を楽しいことにしたのは百貨店だ。ネット通販などの物品購入の選択肢が多様化した現在、店舗という実空間での購入は、もしかしたら再び「めんどくさい」ものになってきているのではないか。パンデミック以降は特に。つまり「ストリート」による「理想の街」は「ユートピア」ではなくなっているかもしれない。ぶらぶら歩きが検索に負ける時代である。

品物をストックするスペースを備えたモールは一種の倉庫でもある。売り場を含めて実はモール自体が生活の「バックヤード」といえる。首都圏を見ると、いわゆる郊外型と呼ばれるモールは、JR武蔵野線周辺に集中している。この同心円が東京の「表」と「バックヤード」を分ける分水嶺に見えてくる。武蔵野線はもともと貨物線、つまりバックヤードの路線であった。それが旅客線としても使われるようになったのは、東京が巨大化したからだ。都市というユートピアの大きさは、それを支えるバックヤードがどれだけ遠い周縁に置かれるかによって測ることができる。ぼくらは十二年前、あらためてそのことを痛感したはずだ。東京という都市は、電力というインフラを提供するバックヤードのひとつを福島にアウトソーシングしていた。映画『ゾンビ』で、主人公たち四人がモールを拠点にしたのは、電力が生きていたからだ。ひとりが言う、「原発のおかげだな」と。

映画『ゾンビ』で主人公たちはバックヤードに一種の「家」を作った。その設定を踏襲したゲーム『デッドライジング』はバックヤードをセーフゾーンとした。コメディ映画『モール・コップ』の主人公はモールの警備員だった。警備員はバックヤードの住民である。

第三節では、祭は一時的にユートピアを生み出す、とも言った。祭の準備期間がバックヤードにあたる。祭とは、空間的な表と裏の関係を、時間に置き換えたものである。『うる星やつら2 ビューティフル・ドリーマー』は学園祭前日を延々と繰り返していた。この「時間的バックヤード」のループをつくり出した張本人であるラムは言う。「ずーっと楽しく暮らしたい。それがあたしの夢」と[註7]。しばしば祭は準備のほうがむしろ楽しかったりする。実は、バックヤードこそ「家」であり「楽しい」ものでありうるのではないか。半﨑美子の『特別な日常』のミュージックビデオの冒頭では、モールに並ぶ食料品を提供する農家の方、漁船に乗った漁師、それらを運ぶ物流担当者の後ろ姿が映されたあと、バックヤードから売り場に出て行く従業員の姿が重ねられる。バックヤードに焦点をあて「日常を特別にするということではなく／日常こそが特別であるということ」と語る彼女は「モールの歌姫」の名にふさわしい。

第二節で速水健朗は、ウォルト・ディズニーは理想都市を設計する際に、表と裏で切り分けた、と論じている。おそらく、エベネザー・ハワードもビクター・グルーエンもそしてジョン・ジャーディもこれと同じ考えを持っていたのではないか。『メガゾーン23』のコンピューター「バハムート」もそう考えていた。

トマス・モア以来、あらゆるユートピアの問題は、表だけを見せて理想郷とした点にある[註8]。モールや百貨店の、売り場とバックヤードの間はドアで仕切られていて、お客さんは入ることができない。しかし、ほんとうにそこは隠されるべきなのだろうか。線を引くことでバックヤードを定義し、それを見えないところに追いやることで「ユートピア」あるいは「パラダイス」を実現する、という手法は二十世紀までのものだとぼくは思う。思うに「表」か「バックヤード」かを区別する線は、自明のものではない。線を引くから、バックヤードが生まれるのだ。

これからの新しいモールが生まれるのは、バックヤードに窓があけられるときだろう。そしてこれは、モールだけの話ではない。「モールの想像力」とは、そういうことである。

［註1］**「荒野の中に引かれた一本の道。それは『街』の根源的な姿ではないだろうか」**（第一節）

中谷礼仁は「ザ・コンゲンノート―都市の根源的要素についての準備ノート」（http://tenplusone-db.inax.co.jp/backnumber/article/articleid/145/）で「都市が自己生成していくプロセスに要となるものは何だろうか？」と問い、その答えのひとつとして「道を引くこと」を挙げている。その根源性を示す一例として紹介しているのはダマスカス旧市街の古い商店街だ。なんとそれは「古代ローマ帝国がこの地を植民都市とした時代にあって作った計画道路」の転用であった。適切に引かれた一本の道の強固さは、政治・宗教体制を越えているというわけだ。

［註2］**「モールが都市だとしたら、百貨店は農地だ」**（第一節）

成熟した都市はストリートでできている。パリもマンハッタンも、日本なら京都などは通りの名前が重要視されている。これらの都市において、住所は建物が面しているストリートによって示される。「レイユ通りの五三番」「○○通□□条上ル」というように。アドレスにナビゲーションが含まれているわけだ。

これと対照的なのが東京である。東京の住所システムは、ストリートからのアクセスではなく、敷地に対して命名されている。しかもそれは町名、丁目、番地の樹形図構造になっている。これは土地の論理、つまり農地の論理である。東京は田んぼなのだ。

百貨店がフロアごとに店舗・商品のジャンルが区別されているという点も、モールと対照的だ。モールでは階層の違いは買い物の内容にあまり影響を及ぼさない。「三階は婦人服・キャリアファッション」といったようなフロアによる明確な区別はモールにはそれほどない。そもそもフロアによってカテゴライズしにくい構造をしている。日本の典型的なモールは高くてもせいぜい四層程度であり、縦より横に長い。これは立地がもたらす法的な制限が理由でもあるが、ぶらぶらと歩くストリート性を重視すると、フロア間の移動は感じさせないほうが良い。これも商店街に似ている。モールにおいては、エレベーターではなく、エスカレーターという徒歩の延長装置によって、ほとんどフロアの違いを感じさせることなく移動する。二階は一階の延長、三階は二階の延長なのだ。

［註3］「**『フッド』とは『地元』の意である**」（**第一節**）

モールが「地元」である、というこの感覚にはピンと来るものがあった。これはぼくらの世代における団地と似ている。どちらも理想の街を目指して作られた。第二節の速水健朗の論考によれば、モールのルーツのひとつにエベネザー・ハワードの田園都市があるが、それは団地も同じだ。団地もモールも、それらが出現する様を見てきた世代には批判的に見られもするが、物心ついた頃から馴染んだ世代には郷愁の対象になりうる。

ぼくは大学生のとき（間接的にジャーディの教えを受けていた頃）に団地や工場を写真に撮り始め、それが元で写真家になった。九〇年代初めの当時、世間一般ではこれらは景観としてダメなものとされていた。しかし小学生の頃の友人の多くが団地に住んでいて、そこで鬼ごっこなどをし、準工業地域のそばで育ち探検に出かけるのが工場だったぼくには、どうしてもこれらが劣るものとは思えなかった。そこで団地や工場を巡るようになった。どうしてぼくは惹かれるのか、そしてなぜこれらはダメなものとされているのかを、写真を撮ることによって知りたかったのだ。

それから十数年経った二〇一〇年、ある大学生と話す機会があった。団地や工場のほかにどういうものに興味を持っているのかをたずねられたぼくは「最近はモールがおもしろいと思っている」と答えた。すると彼は言った「ああ、懐かしいです」と。

聞けば彼の出身地は長野の佐久。中高生のころは遊ぶ場所といえばモールだったそうだ。モールには何でもあった。そこに行けばみんないる。クラスメイトにばったり会ったり、気になるあの子を見かけたり。雨でも濡れることはなく、空調が効いていて一年中過ごしやすい。お腹が空けばフードコートへ。何時間でもいられる。

そして家に帰り、ごはんを食べて、寝て、起きて、学校へ。彼は青春まっただなかの六年間を、家→学校→モールの三角形で過ごして来たのだ。そりゃ懐かしいに違いない。彼のような経験をした人が、日本中、世界中にいる。「オレらの世代は普通にみんな共有してるっしょ」というMall BoyzのTohjiが言うことは正しい。ぼくのような五十歳台以降の人間にとってはたとえば団地がそういうものであり、現在三十歳台以降の若い世代にとってはモールがそれにあたるというわけだ。

彼の「ああ、懐かしいです」を聞いて、ぼくは焦った。おそらく、ぼくが団地や工場を撮ったように、若い写真家がモールを撮るに違いない、いや、もうきっと誰かが撮っている、と確信した。これは急いでモールを巡らなくては、と。そう思ってモールを撮り始めた。しかしまったく思ったように撮れない。なぜ撮れないのかが分かるまでその後数年かかった。

これについては第三節で述べている。

佐久出身の彼が言った「トイレに通じる通路の自販機のところに甘酸っぱい思い出があります」という言葉も良かった。おそらく、まず間違いなく彼はモールの内部を街のように見ていた。街に存在する「ここにしかない固有の場所性」を彼はモールのレイアウトの中に見出していた。というより、青春の経験によって、大げさに言えば一種のゲニウス・ロキ（地霊）をモールに与えたのだ。やはりモールは街なのである。

［註4］**「モール内部が街なのだから、その『外』など存在しないのだ」（第三節）**

いわゆる駅ナカはこの点でモールに似ている。列車を降り、コンコースを歩くとそのまま店舗群に到着する。用事が済めば、また列車に乗る。「外」には出ない。駅ナカの外観をじっくり眺める人はいないだろう。そもそも外観と呼べるものが存在するのだろうか。実際、昨今の駅ナカの内装やテナントはモールに似ている。

空港も同じだ。車なり鉄道でアクセスし、一度も外に出ないまま搭乗口から飛行機に乗り込む。成田空港や羽田空港の周辺の街を歩いたことがある人はどれほどいるだろうか。大きな空港には買い物エリアがあるが、その雰囲気はモールと区別が付かない。滑走路は駐車場だ。搭乗口まで迷わないように基本的に一本のストリートで構成されているという点もとても似ている。

目的地の空港では出発と逆のプロセスをたどり、やはり一度も外に出ない。空港にはそれが立地する街の名前が付いているが、利用者にとってその名称はただの記号で土地との関連は意識されない。モールと同様、どの国の空港も似ている。「モール共和国」にならって言えば「ターミナル共和国」だ。

豪華客船もモールに似ている。船も事実上「外部」が存在しない。そう思うと『サイダーのように言葉が湧き上がる』のオープニング、タイトルバックのモールはまるで洋上の大型客船のように見える。田んぼは大海原に、その上を飛ぶ鷺は海鳥に。

鉄道駅、空港ターミナル、船舶といった移動のシステムがモールと似ている、というのはおもしろい。おそらく快適な移動とは、外部を無視するということなのだろう。

[註5]「町のシンボルだったイオン閉店『ありがとう』の横断幕」朝日新聞デジタル、二〇一九年二月二十八日二十一時二十七分
https://digital.asahi.com/articles/ASM2X4QW2M2XTTHB00G.html

[註6]「企業も人もカネも流出危機、コロナ禍で見えたわが街のもろさ」日経ビジネス、二〇二〇年十一月二十七日 https://business.nikkei.com/atcl/NBD/19/special/00667/

[註7] とはいえ、そのループする準備期間中の食事の世話などは、主人公あたるの母親に押しつけられている。ラムが言う「夢」でも、バックヤードを引き受けさせられているのが、あたりまえのように「主婦」であることには注意が必要だ。

[註8] 正確にはトマス・モアはユートピアを理想郷とはしていない。

【参考文献】

『ショッピングセンター計画―ショッピングタウンUSA』ビクター・グルーエン、ラリー・スミス著、奥住正道訳、商業界、一九六九年
『思想地図β vol.1 ショッピング／パターン』東浩紀 他著、コンテクチュアズ、二〇一一年
『パスト・フューチュラマ―20世紀モダーン・エイジの欲望とかたち』長澤均著、フィルムアート社、二〇〇〇年
『創造の狂気 ウォルト・ディズニー』ニール・ゲイブラー著、中谷和男訳、ダイヤモンド社、二〇〇七年
『都市と消費とディズニーの夢―ショッピングモーライゼーションの時代』速水健朗著、角川書店、二〇一二年
『ショッピングモールの社会史』斉藤徹著、彩流社、二〇一七年
『[新訳] 明日の田園都市』エベネザー・ハワード著、山形浩生訳、鹿島出版会、二〇一六年

2 舞台としてのモール

座談会

『サイダー』はモールの批評である

イシグロキョウヘイ
『サイダーのように言葉が湧き上がる』監督
佐藤 大
『サイダーのように言葉が湧き上がる』脚本
大山 顕
『モールの想像力』展示監修

モールは聖地たり得るか

大山 僕らが高校生のころは今ほどモールがなかったじゃないですか。あったとしても、今みたいに高校生がみんなモールに行くみたいな状態じゃなかった。特に首都圏に住んでたらそんなに身近じゃない。だから僕はフッドとしてのモールの体験はあまりピンと来てなかったんだけど、今回展覧会でモールについてちゃんと書こうと思って、ビリー・アイリッシュとか『サイダーのように言葉が湧き上がる』とかいくつかのモールを舞台にした作品を観たら、明らかに今のティーンエイジャーから三十代前半くらいまでの人たちが感じているであろう、モールへの郷愁を語らざるをえないだろうと思ったんですね。それで書いてみたら、展覧会に来てくれた人の僕よりも若い世代はその部分にグッとくる人がいっぱいいるらしい。俺たち、私たちの青春の舞台なんだってことをよくぞ言ってくれたみたいな反響があった。百貨店はあの建築っていいよねってカルチャーとして定着してるけど、モールはまだそうなってないわけです。そんな中、『サイダー』は映画の中に建築、風景が残っているという点ですばらしい。今観ても当然すばらしいけど、十年後に観たら「あっ、こうだったこうだった」みたいになるはず。特に劇場版アニメでそういう機能を果たすであろう作品はないですよね。

佐藤　建築に語らせようとする方向での作品はあるんです。象徴的な建築とか、いいたとえじゃないかもしれないですけど、それこそ聖地巡礼を作ろうと仕掛けるために、お寺とか橋とかを意図的に入れるのはここ十年くらい増えてる。でもそれは何気ない風景じゃない。ある意味聖地として生まれ得るために演出されるし、そういう場所がもともとあったから利用する。モールは聖地たり得ないものの最右翼ですよね。あの映画を観終わって、あれは僕の地元だっていう人が、東北の人もいれば九州の人もいて、大阪の人も埼玉の人もいるはずだから、聖地たり得ない。そんな何気ないモノのほうが残るべきものとして残ってるとグッとくる。たとえば、ちょっと脱線しますけど、ビデオテープであるドラマを目的に録ってたのにCMが入ってる。それをあらためて今見てみるとCMのほうが重要になっていることがある感覚に近いですね。調べたりしたら、その音楽が大瀧詠一だったりする。

大山　何気なさでいうと、聖地巡礼を目的としているっていうのは、作ってる時代にすでにこれは価値があるとわかっているものじゃないですか。でもなにが価値があるかというのは現時点で決められないものがいっぱいある。

イシグロ　それ、超重要です。今の時点で決められないというか、あとからそこが聖地になるという考え方を演出は持ってないとダメなんですよ。

大山　後の人にゆだねるというか、そのまま描いたほうがいいっていう意味のひとつはそこで、今の俺たちに全部わかると思うなよということ。それでいうとイシグロさんと佐藤大さん、大さんといつも呼んでいるので大さんと言わせてもらいますけど、大さんのふたりはモールを聖地にしようと思っているわけじゃなくて、舞台にすること自体に現代的な意味があるから忠実に描いているんだけど、十年後以降になるとあれはきっと聖地になる。大さんが言ったように、日本中の人が私の、俺の知ってるモールだと思うってすばらしい。大さんと取り壊しになる前の赤羽台団地を見せてもらいに行った時に、住んだことないはずなのに懐かしいって大さんが言うんですよ。ここで寝てるとふすまの向こうでお母さんが朝ごはんを作る音が聞こえてとか、ここ住んでたのかみたいなことを言っていた。

イシグロ　その呼び戻しみたいなものはなんなんだろう。

大山　大さんはまったく別の団地で育ったんですよね。団地に住んでる人は赤羽台団地じゃなくても団地に住んでるってだけで、北海道でも九州でも東京でもどこでも連帯できるし共感できる、共通の思い出を持っている。

高島屋史料館 TOKYO（旧貴賓室）にて

同じってすばらしいと思うんですよね。個性がないのは良くないことと言われがちだけど、みんな違ってあるべきというのは偏ったひとつの思想でしかない。それでいうとモールはまさにそうで、非常階段に通じるところに自動販売機があって、その横に植栽が置いてあって……といったことがはじめて訪れたモールでもわかってしまう、というのは尊い。さらにその先がまだあって、そういうふうに「同じ」なんだけど、でも違うところがある。モールも、そこをフッドにしてる子たちは俺のモールは唯一無二だっていうディティールを感じている。同じだけど違う、違うけど同じっていうすごさ。その機微は彼らにしかわからない。他人は後からしか発見できない。それは意図を持たずにあるがままに描くことによってしか残せない。

イシグロ　映画で団地とモールを舞台にするっていうのは最初に決めたじゃないですか。大山さんは団地もモールもスペシャリストなので、設定に協力してもらったんですけど、顔合わせで話した時に今の話を違う角度から聞いたんですよ。モールの外面というのはどこも似通ってる。日本全国にイオンモールがあったとしてもたいてい似通ってる。内側に入ったとしても吹き抜けがあって、通りがあって商店街のように店が並んでる。この構造自体は変わらない。そこに個性がないって話をしてたんです。個性がないってことは、逆に観る人によって都合よく「自分の近くのイオンモールじゃん」までいってくれれば感情移入しやすい、動線を引きやすいなと思った。どの段階でこのルックに決めたかは忘れたんですが、最終的に個性的に見えるかもしれないんですけど、やってる僕としては無個性化に近い。ディティールはらしくするんですけど、色をありえない色にしちゃうと、いったん現実から離れるんですよ。都合よく解釈しやすくなってくれと思いながらこのシティポップっぽい、新版画っぽいものにした。

大山　映像、特にアニメには描かれるスタイルが必ずあって、それがなんのためにあるのかってことですね。それは現実にべったり寄り添わない、いったん抽象化することで見る側の想像力が喚起される。描くことの凄みってそういうことですよね。

イシグロ　今もっと踏み込んでやれるんだとしたら、抽象化したビジュアルで「ユニクロ」みたいなのを描きたい。そうしたら完璧だった。「ユニクロ」は「ユニクロ」で「ZARA」は「ZARA」で、なんだったらフロアの配置も高崎とまったく同じにしていい。だけどその「ユニクロ」が一瞬映ったとしても、観てる人の「ユニクロ」が喚起される。モールってたいてい「ユニクロ」が入ってるけど、モールによって場所がそれぞれ違う。一階にあったり三階にあったり、中央にあったり端にあったり。うちのモールは端じゃなくて中央バージョンだけど、みたいなことを紐づけると一気に自分内モールとして根付いて、物語に没入しやすくなるなと思いました。

大山　作品にする時は実際の名前で出すなとか、実際のロゴを映すなみたいなことは言われますよね。ブランドっていうのは個性で、唯一無二で、抽象化できないからこそなにかあった時に問題になるということですけど、それは本当かってことですよね。「ユニクロ」って存在のまま抽象化できるはず。描いて風景にするってそういうこと。

イシグロ　たぶんできるんですよ。

佐藤　それは「キャンベルのスープ缶」の話に近いですね。価値が生み出されるか。そのままでひとつもいじらず、意図的にあれをドローイングする意味みたいな。

大山　風景化するとそういうことになる。『サイダー』のシティポップ風のテイストっていうのは、抽象化して風景化するパワーを持った描写方法のスタイルってことなんですね。

イシグロ　意味を植え付けるということをよく考えるんですけど、アニメって必ず絵で描かないといけないから、必ず目的があるんですよ。目的がないと説明ができないというのが監督としての悩みどころなんです。

大山　スタッフに説明を求められたら答えないといけない。

イシグロ　なぜこのスタイルなんですかってところに意味がないと説得力が生まれない。『サイダー』に限らず、作る前にあらゆるところに意味を考えるんですよね。オリジナル作品をやるのは初めてだったんですけど、ほぼ自分から出てきたものじゃないんですよ。たとえば大さんの知識と経験から触発されて、ここに行き着くみたいなことが多かった。だからたどってる道が有機的なんです。

佐藤　最初にこんなものができるなんてまったく思わなかった。だいたい最初はSFの設定でしたし。

大山　今観るとまるで初めからモール映画のように思ってるけど、最初はモールがテーマじゃなくて音楽がテーマだったんですよね。

イシグロ　舞台はあとからやってきたんです。これは別に悪い意味でなく、後付けでやってきて、そこに意味がどっしりと植え付けられてることに僕としての意義があるんですよね。どうしてこのスタイルにしたか説明できる。その説明の種になってるのが、ふたりから聞いた、モールというのは無個性、同じようなものが点在しているという話。それが感情の呼び水として引きやすいということが演出家としてピンとくるんですよ。それをヒントにして映像だったりキャラクターの演出を考えていった。

人間は歩くようにできている

大山　よくモールが古き良き商店街を破壊したと言われるけど、歴史的に見ていくとそれは正確ではない。今回の展示で人間にとってぶらぶら歩くことはすごく重要だと書いていますけど、モールが公共性を生み出してるとしたら、それは人々がぶらぶら歩いて出会ってしまうから。それはべったりした付き合いじゃなくてすれちがうだけ。すごく親しい人と会うかもしれないし、全然知らない人かもしれないし、その間にグラデーションがいっぱいある。顔だけ知ってる隣のクラスのしゃべったことはない奴とか、近所で見かけたけどよくわからない人とかと、肉体的にすれちがうというのはストリートでしか起こらない。僕が都市の根源として一本のストリートが重要だと思うのはそういうこと。たとえば役所とか病院というような施設の中だとそこを目的とする意図がある人しか集まらないから、エンカウントの仕方が変わっちゃう。でも、モールは買い物をしない人、用のない人がなんとなく来たりする。公共性はストリートからしか生まれない。ぶらぶら移動して歩くこと、一瞬すれちがって二度と会わない、でももしかしたらまた会うかもっていうことは、すごく複雑な人間っぽい社会性を体現していて、そのために我々はずっと歩いていなければならない。人間のようにかかとを地面に着けてる動物ってほとんどいないんです。鳥とか猫はつま先だけで立ってる。鳥って膝が逆に曲がってるように見えるじゃないですか。あそこがかかとなんです。人間は足の裏に相当する部分がすごく長い。足裏を全部つけてるのって象と人間ぐらいなんですよね。どうしてかかとが上がってるかというと、スナップを使うとすごく速く移動できるからなんです。だからネコ科の動物は速く走れる。ところが彼らは長時間歩けないんですよね。人間は足の接地面積をすごく増やしたおかげで一日中歩ける。遅いけど、速さを犠牲にしたけど延々歩ける。

佐藤　なるほど、ぶらぶらか。象もずーっと移動してますもんね。

大山　足の構造からして、おそらく人間は歩くようにできてるんですよ。延々ぶらぶら歩くっていうのは人間の本質で、ストリートで都市を生み出すっていうのは、人間の体にあらかじめビルトインされたものが必然的に生み出した空間の構造だと僕は思ってるんです。モールはそれを使ってるわけで、近現代が生み出した特殊な消費空間構造じゃなくて、根源的なものなんですよ。商店街を破壊したんじゃなくて、商店街の正当な後継者がモールなんです。商店街がなぜ楽しいかといったら、一本のストリートでぶらぶら歩くからで、それは買わなくてもいいっていうこと。百貨店はちょっと違う形式で消費する場所なんです。歩く場所じゃない。百貨店の中をぶらぶら歩くってちょっとしんどい。消費空間の系譜っていうと、なんとなくバザールがあって商店街があって、百貨店が出てきてモールみたいになってるけど、バザールと商店街とモールは正統的な人間の足に基づいたぶらぶら歩くことと消費を一体化させた非常に優れた形式で、百貨店は違うんですよ。百貨店は食堂街を作ったり、それこそ展示室や美術館を作ったり、消費に他の文化装置を入れ込んだことによって別の意味を生み出したんだけど、やっぱりちょっと特殊だし、それはある時代のリテラシーが必要な何かなんです。消費の延長にある何か、文化なんだと。モールは買い物をしなくてもとりあえずいい。最近、イオンがウォーキングをやる場所として推奨してるっていうのはまさに正統的なことですよね。

イシグロ　歩く場所があるんだから、歩きましょうってことですね。

大山　商店街の魅力って、時間をかけてこなれた結果かもしだされているもので、あらかじめ設計したものではない。商店街が何十年かかけて培ったそういう形式を、モールはそこからエッセンスを抽出してエンジニアリングをやって、一晩でやってしまう。そういう意味で、モールってアニメ制作に似ていて、ちゃんと説明できる商店

イシグロ「アニメって必ず目的があるんです」

街なんです。モールはなぜここはこういうふうに曲がってるのかを「それはですね」みたいに説明できる。でも商店街の人たちになんでここにこういうものが置かれてるのかって訊いても「知らねえよ」ってなっちゃうじゃないですか。でもそれだとアニメは作れない。

イシグロ　それは本当に絶対無理。

大山　数十年時間をかけてこなれることは可能だろうけど、それはエンターテインメントにはならない。

佐藤　伊勢神宮の参道の手前の商店街、あれはいわばそういうものの元祖じゃないですか。茶屋があって橋があって、食事処があってお土産屋があって。参道に近づく度、ポイントポイントに休める場所があって、もうちょっと外れには泊まれるところがある。だから伊勢神宮に今行っても、完全にオーソライズされたテーマパークにいるような感じがある。たぶん当時の感覚でいえば年一で行くテーマパークだったんじゃないですか。外宮行って内宮行って戻ってきて、帰りに赤福食べて帰るみたいな。それこそ三百年ぐらいかけて。

大山　三百年かけたから説得力があるようになっている。みんながあれを珍重して、古き良きものには意味があると言ってるけど、僕に言わせるとやっぱりあまりに不確か過ぎるし、そんなに称揚すべきことじゃないと思うんだよね。ちゃんとエンジニアリングしてモール化するということがいかに素晴らしいか、逆にあれを見るとわかるってことなんですよ。

佐藤　アニメの作り方と同じで、三百年前の参道をめぐる解像度を一回下げていって、そこに必要な物をもう一回入れるということを最短でやるとモールになって、もっと最短でやるとコンビニの店舗内になる。コンビニも導線がすごく説明されていて、最近はついに雑誌がなくなったじゃないですか。ああ、またターンが変わったなって思ったんですよ。かつて雑誌棚は誘蛾灯のようにというか、人がいるという安心感のためのシステムとしてあって、飲み物が一番奥にあって、だからみんながぐるっと回る。それこそ参道でありモールでありと同じ感じですね。

大山　昔のシャワー効果というやつですね。コンビニに行く人のほとんどは飲み物を買うので、一番奥まで行くと、レジに行くまでにいろんなものを見てつい買っちゃうみたいな。通常三百年かかるのを、一週間くらい顧客分析をやってどういう動きをしてるのかを常に更新していくとああなるんですよ。

イシグロ　商店街やモールには思い出の一コマになれる力があるというのは聞いていて感心したんですけど、百貨店はどうなんですかね。百貨店の場合、本当に買い物を目的にすることが多いような気がするから、記憶とひもづくんだとしたら本を買いに行くとか、ここで何を買ったとか誰と行ったかというのが強く出そうですね。モールや商店街は歩くだけ、その場にいるだけみたいな、購入を目的としないものに思い出が乗っかってることが多いかもしれない。

佐藤　大山さんが言ってたように、百貨店では偶然会うことってないですよね。でも、モールで偶然会うは無限にある。会いたくない人と会っちゃう、会いたい人に会えた、そういうことがモールでは起こり得る。でも百貨店でそれを起こそうと思ったら、かなり難しい。

大山　どうして会うのかみたいなシチュエーションの説明がいる。モールが優れてるのは、まさに『サイダー』がそうだけど、またあの子に会った偶然が不思議じゃない点。

佐藤　あのおじいちゃんがまたいたとか。

イシグロ　そうですね。僕の中で今、後付けでピンときたって感じですけど、たしかにそうだ。たとえば高島屋を舞台として映画を作ってたとしたら、何か買いに行こうとならないと、チェリー君（『サイダー』の主人公）は行かないかも。もしくは理由を無理やり作るかもしれない。モールだったら行く理由がなくても行かせられる。

佐藤　学校終わったから、行ってたみたいな。

大山　後付けでピンときたっていうのが、まさに今の自分にわかってると思うなよってことで。もしかしたら何十年後に見て「あ、この時のモールってみんなこんなに気軽に出かけてたんだ、今だったらなんでこんなに頻繁に同じ人に会うのか説明が必要だよね」と思う時代がくるかもしれない。『サイダー』を我々がなんとなく観て普通に受け取ってるのは、我々のまだ意識していない、モールが街の性格を持ってるっていうことを、僕らが当たり前だと思ってるからだよね。

佐藤　でも、その狭間を描いてる感じはありますね。きらびやかに「新しいモールができた、嬉しい」でもないし、「モールがもうシャッター街のようになっていく」っていうのでもないし。

大山　普通の、あって当たり前の。

佐藤　お医者さんもいるし、役所もあるし、デイサービスもあるみたいな状況って、たぶんモールができたばかりの時代にはないはずで、終わるころのモールにも、もしかしたらないかもしれない。『サイダー』のモールにはセカンドハンズもあるじゃないですか。リサイクルショップとヴィレッジヴァンガードが両方成立してるのが、今のモールのストリート感だと思うんですよね。

大山　これを十年前に見たら、このモールはすごく特殊だなって思うかもしれない。十年後に見たら、ちょっと前のモールってこうだったよね?って思うかもしれない。後でアーカイブになるってこういうことですよね。モールに対するイメージの良し悪しって、世代間で違い

佐藤「『サイダー』には今のモールのストリート感がある」

ますよね？

佐藤　違いますね。

イシグロ　僕は今、子育てしてるから、雨降ったらもうイオンモールに行くくらいになるじゃないですか。イオンモールが急激に進出し始めたのって僕が二十代のときなんです。その時点では行かなかった。若者が行くイメージもなかったんです。ファミリーが行くイメージが強くて。でも、今は本当に誇張なしで週一とか土日どっちか行くんですよ。レイクタウン行ったりとか。お客さんを見ると、本当に老若男女。

大山　十年くらい前、レイクタウンができて五、六年くらい経ったころに行ったら、駅から入った渡り廊下みたいな所に補導員がいて、学校の先生なのか教育委員会的な人なのかわからないけど、あそこで張ってるわけ。補導員を意味する腕章したおじさんとおばさんが張ってるのを見て「街だ」って思った。ようするに、かつて駅前のゲーセンの前で張ってた先生ですよ。

イシグロ　そこが今、モールなんだ。姪っ子から話を聞くと、明らかにモールに対するイメージはプラスなんですよね。若い人はポジティブイメージがやっぱり強い。僕はイオンとか他のモールが日本においてぐんと伸びたころを知ってるから商店街破壊論みたいな情報も入ってきちゃうし、画一化の急先鋒みたいなネガティブイメージを勝手に刷り込まれていた部分もあったから、最初はモールに対してポジティブかネガティブかというと、まあネガティブでしたよね。

大山　大さんの団地イメージと一緒だ。

佐藤　そうそう、僕も大山さんに会う前は団地で育ったけどネガティブイメージだったから。

大山　僕の仕事って、なんとなくネガティブって思ってる人たちに対して「いや、それは違うぞ」って言って回る係（笑）。

佐藤　「そんなことないぞ」って。

イシグロ　いや、でも本当、知れば知るほどいい場所じゃんっていうふうになりますからね。なんかもう完全にネガティブからポジティブに反転してるんですよね。

佐藤　作りながら反転していく。

イシグロ　勝手に反転してますよね。その反転したポジティブイメージというのは、たぶんある世代から下はみんなそんな感じですね。

大山　じゃあ、『サイダー』はどの段階で舞台をモールにしようっていう気になったんですか。

イシグロ　覚えてないです。けっこう初期の段階から、大さんが言っていたと思います。団地とモールって。

佐藤　団地とモールの発想は、NYでのヒップホップ誕生みたいな感覚を描こうってことからはじまった気がします。日本でどう置き換えたら一番面白いかという。最初はブギー・バックってそうだよね、みたいな会話からでした。七十年代の音楽と八十年代の作法が渋谷でくっついて、ヨーロッパとアメリカ西海岸とがくっついて、その結果、なにか変なものが日本で生まれたという感覚。当時、渋谷は世界一輸入盤がそろう街だったからなんです。イギリスからの輸入盤とアメリカからの輸入盤がぶつかる場所というのが渋谷の宇田川町にあった。その結果、生まれたのがブギー・バックだという仮説のもとで発想を広げていったんです。

イシグロ　うん。

佐藤　音楽が生まれる瞬間を考える、というか。それで「たとえば、どういう音楽ですか?」って聞いた時に「ブギー・バックかな」とイシグロ監督が言って、「じゃあブギー・バックってなんだ?」というのをあらためて深く考えたりして。そういうふうにどんどん監督と壁打ちのような会議になってきて、あげくNYの「『ゲット・ダウン』ですよ!」みたいに盛りあがって、ただ打ち合わせに参加してる他のスタッフは何を言ってるんだこの人たちはみたいな(笑)。

イシグロ　本当に「何言ってるんだろうこの人たちは」みたいな顔というか、態度でしたよね(笑)。

大山　それは『サイダー』をこの世代が作ったからこそだと思うんですね。僕らよりちょっと上の世代でネガティブイメージに囚われている人だったら、そもそもモールが面白いんだみたいな発想はなかなか出てこないだろうし、モールが当たり前の世代だとモールの前に歴史があるってことに思い当たるにはだいぶ時間がかかる。

イシグロ　もしくはそこに至らない気がする。

佐藤　確かに。ネイティブ過ぎちゃって。

大山　だけど我々はちょうど、モールは当たり前じゃないけど当たり前のようにあるみたいに言える世代だから。

佐藤　モールとして新設される前の景色が浮かぶから。前は工場だって言われた時にああ、レコードプレス工場だったんだなとか。

大山　『サイダー』はそこがすばらしいと思った。こう来たか!って。

イシグロ　打ち合わせで、土地の記憶って話してましたよね。それでひもづいて設定が生まれていくっていう。本当に解き明かしていったら説得力のある設定ばっか。自分で言うのもあれですけど。相当うまいことできてますよね。

佐藤　自然すぎて……(笑)。

イシグロ　みんなスルーするんだけど(笑)。

佐藤　そう(笑)。だから、よくある夏の物語だよね、みたいな受けとめかたをされてる。もちろんそれでいいように監督たちと作ってるんだけど、解像度をあげていくと……。
大山　推理小説のように、あ、こういうことかとか、二回目に観たらここに書いてある！とかって。
佐藤　モールにずっとレコードが飾ってあるけど、なんで飾ってあるんだろうという疑問が、この場所がかつてレコードプレス工場だったから、という土地の記憶との結びつきが解き明かされていくきっかけになっていく。それを思いついた時はもう、勝ったな！と。
イシグロ　思いますよね。これはすごい。こんなにも説得力のあるものを生み出せたという喜びはすごかった。
佐藤　すごかった。でもあまりに自然すぎて、誰にも指摘されないという（笑）。

俳句はスナップショットだ！

イシグロ　劇中に、モールで配信していて、お客さんの顔とかが映るシーンがあるじゃないですか。「アニメとはいえ許諾どうなってんの？」という意見があって、それはわかってやってたつもりなんですけど。あの配信をやっているのがモールのテナントの中ではなくて通路だというのは僕の中ではけっこう重要で。
大山　ストリートは街であるという認識だから。
イシグロ　そう。大山さんからモールの中央を通っているのはストリートであるという話を聞いてましたからね。ようするに公共の場なんだという。それは作っている人間である僕の意思、意図が完全に乗っていますね。配信していた理由はあそこがストリートだからで、お店の中のようでお店ではない。実際の街中で配信をしていたとして、人の顔は映るかもしれないけど、それに対しての批判ってあまり出ないような気がするんですよ。

大山　もうモールは公共の場と言っていいと思いますよ。デイサービスがあって役所の出張所があって。今、選挙演説やるのってどこかというとモールなんですよね。

佐藤　ええっ、そうなんだ。

大山　もちろん中でやるわけじゃないですけど。もう人が集まる場所は駅前じゃなくてモールなんですね。市議会議員の立候補者とかモールで演説やってるんですよ。

佐藤　我々が脚本を書いてる時はモール内で吟行をやるというエピソードも大丈夫なのか？みたいな感じだったけど、後に俳句甲子園も含めて全部、普通にあることがわかって。むしろモール内でやることこそが季語を見つける行為だったりの面白さにつながるみたいな発想になっていった。

大山　そういえば打ち合わせに行ったときに、大さんが僕に言ったのが「俳句はスナップショットなんだよ！」って。

佐藤　ああ、そうですね。俳句に関して取材をしていくうちに俳句も景色に色を付けるとか、景色に音を付けるものだというのがわかってきた。川柳は今でいうとショート動画、ティックトックみたいなもので、五・七・五しかない俳句というのは写真なんだと教わって、「わかった！」という（笑）。それだったら写真として使おうと。そういう感じにどんどん深まっていった。

大山　「スナップショットなんだよ」っていうのはグッときたんですよね。ちょっと話が脱線するけど、カルティエ＝ブレッソン。フランスの有名な写真家で「決定的瞬間」って写真論で日本では有名ですけど、実際、トリミングなしの完璧な構図ですごく魅力的な瞬間を切り取る作風にみえるから「決定的瞬間」がカルティエ＝ブレッソンの代名詞になっていて、それは写真の本質のひとつなんだみたいに言われているんだけど、僕はずっと違和感があったんです。それで楠本亜紀さんという写真評論家の方が、実はこの「決定的瞬間」というのは誤訳に近くて、カルティエ＝ブレッソン自身がその本に書いた写真論のタイトルを直訳すると「逃げ去るイメージ」となると。写真の大家といえばカルティエ＝ブレッソンだし、写真の王道といえば「決定的瞬間」である、一連の出来事の中からそれを切り取ることである、みたいに理解されているんですけど、本来のカルティエ＝ブレッソンの考えはちょっと違うと。それを論じた楠本さんの本の中で面白かったのが、ちょっと説明が難しいんですけど、出来事を決定的瞬間で切り取るのではなく、その写真を見ることによって解凍されるように出来事そのものを圧縮することだ、みたいに言ってるんですね。

佐藤　なるほど。

大山　出来事を切り取っているのではなくて、出来事の全体とか、ちょっと抽象的な言い方ですけど生全体、世界全体みたいなものが図像として含まれている瞬間というのをどう選び取るかだ、みたいなことを言っていて。

イシグロ　わかるわかる、わかる気がする。

大山　それを「逃げ去るイメージ」と呼ぶ。そう考えると俳句というのも本当にそうで。そもそも俳句って決定的瞬間を切り取るものじゃないじゃないですか。出来事全体を圧縮している。俳句はスナップショットだ、と言うことによって、写真とは何かがわかったと思ったんですね。

佐藤　圧縮方法、ＺＩＰみたいなものだと。

大山　そうそう。俳句に季語があるのも、そういう型によって効率よく出来事が圧縮できるからなんじゃないか。読み手は型を認識することによって出来事全体を再現できる。それは瞬間を切り取る、という言葉で表されるものじゃないんだよね。

佐藤　それは音楽も映画も全部そうですよね。

大山　そう。表現全体というものはすべてそうで、決定的な瞬間を切り取るというものではない。

佐藤　枠外が重要なもので。絵画もそうですけど、基本的にはトリミングした外に何があるかを想像できるかというか。説明すればするほど枠外がなくなっていく。想像の余地がどんどん減ってしまう。

イシグロ　本当にそうですよ。だからモールを舞台にした段階でいろんな情報を圧縮できたんですよ。おじいさんとそれこそギャルとヤンキーが同時にいていいように。だって『サイダー』は高校生の話なのに学校がワンカットも出てこないんですよ。

佐藤　友達も出てこない。でもすごい枠外には感じる。圧縮してる構造の中、時間的にも夏休みの七月から八月中旬までの二、三週間の話、一か月弱の話っていうことになってるから、学校も枠外にあって、だから学校行ってないって描写が気にならないんですよね。

大山　見てもいないのにスマイルがクラスの中でどういう存在か想像できる。その姿は僕の解凍で他の人の解凍は違うかもしれないけど、いずれにしろそこが共通してることが重要なんじゃなくて、ちゃんと解凍できるってことですよね。見たかのように、それぞれが思う。

佐藤　そう。モールが圧縮装置だから可能で、あれを空港とかにしたらたぶんいろいろできないことですよね。モールだからスマイルやチェリーのサイズに合った圧縮と、描かなくても描いてあるように思えることが発生してるっていうことがある気がしますね。

大山　建物の構造がそうさせるのかな。モールって本当に不思議な存在だと思う。

イシグロ　設計思想としてはやっぱり街みたいなものを意識して、最初のモールは作られたのかな。

大山　僕の師匠の師匠にジョン・ジャーディという人がいて、現代的モールにテーマパーク性を持ち込んだ人なんですが、彼がグレンデール・ガレリアというモールを設計、デザインした時、七十年代ですけど、けっこう話題になって、憧れていた小説家に面会を申し込んだんですね、その小説家がレイ・

ブラッドベリなんです。でブラッドベリに「グレンデール・ガレリアってご覧になりました？」って聞いたら、「なかなかよかったよ」と。そうしたらジャーディが「あれはあなたのものです」って言った。どういうことかというと、ブラッドベリは「娘がこっちへ、若者はあっちへ歩く」というエッセイの中で、モータリゼーションの発達によってダウンタウンのストリートにあったような公共性、娘と若者がすれ違うとか古本屋がなんとなくあって金物屋があってみたいな、そういうコミュニティーが失われてしまったけど、すごく懐かしいいいものなのであれを取り戻そうと書いている。ブラッドベリというか、アメリカ人っぽいなと思うのは、今日本で言われてるような、だから古い商店街を大事にしようじゃなくて、モールでそれを再現しよう、モールならできる、自分だったらこういうモールを作るっていうことを書いてるんです。実はジャーディはグレンデール・ガレリアという巨大モールを作る時に「あのエッセイを忠実に再現したのがあのモールなんだ」と。その後二人は意気投合して、パートタイムのコンサルタントとしてブラッドベリは実はジャーディがその後名作モールを生み出していくアイデアをずっと提供していたんですよ。

イシグロ　へえー。

大山　だから現代的モールの父と呼べるジャーディは、最初からかつてのコミュニティの復活、公共性を再び取り戻すものとしてモールを作ってる。そして最初のモールを作ったと言われてるグルーエンもコミュニティを復活させるものとしてモールはあると明確に言っている。だから質問の答えでいうとモールは発祥の時からそういうものとして意図されているのは確かで、それが今も受け継がれているかというと、まあそうじゃないのもあるから、なかなか難しいけど、イオンモールは形式的にそこら辺を引き継いでいる。ただ、スタイルを引き継ぐことによって、実現していても、イオングループがそういう思想を持ってるかというと、おそらく持ってないんでしょう。

佐藤　ないでしょうねえ。

イシグロ　結局イオンモールって、やっぱりスーパーだと思ってるから。

大山　それでも一本のストリートでみたいなことをやってるのは、ジャーディたちが作ったモールのスタイルの巧みさだよね。思想がなくてもちゃんと機能する形式を作ったっていうところが、すごい。

イシグロ　そのアルゴリズムが素晴らしい。

佐藤　建築家と映画監督ってちょっと似てると思っていて、自分で図面も引かないしカンナも持たないけど、スタッフ全員になぜこの柱が必要なのか、この角度がなぜ必要なのかを全部言わないと立ち上がらない。予算とか納期とかいろんな規制がある。そういう意味ではすごく建築の人たちと映像の人は近いかもしれない。しかもどこから見てどう見るかみたいなことをある種、誘導までするところとか。

大山　建築家も映像などの監督も突き詰めると最終的に自分に対して説明をつけなくちゃならないですよね。他人に対する、作業をしてくれる人たちに対する説明だけをする寄せ集めとしての理屈だと自分が持たないじゃないですか。自分にも説明をしなきゃいけないとなると、最終的には説明のための材料じゃなくて思想にならないといけないんですよね。だから監督が言うことと建築家が言うことは最終的に哲学っぽくなる。

モールの作家性とはなにか

大山　そういえば高崎のイオンモールを作ったのは誰か、僕も知らないしほとんどの人が知らないですよね。それに対して百貨店は、たとえば日本橋髙島屋は村野藤吾という建築家が増築したということまで知られている。これは建築だからだよね。匿名という点でモールは土木に近いというか。

佐藤 なるほど。

大山 でも、キャナルシティや六本木ヒルズの商業部分はジャーディが作ったって名前が出てるから、もしかしたらそのうちモールも設計者の名前が知られるようになる日が来るのかも。

佐藤 じゃあ、今回の展示はそういう意味での爪跡に近いじゃないですか。そういう作家性みたいなのを、外部であるからこそ言う資格がある。内部にいればいるほどそれを言うことでコンテクストが邪魔をする感覚があるでしょう。

イシグロ 自意識が超強くなるからね。

大山 資格が無い人が口を出すと作家性が生まれるんです。

イシグロ 近い将来、モールの建築に対してもそれが生まれる可能性が……。

大山 イオンは今、転換期だと思う。僕みたいな人がもっと出てきて、イオンはすげえよみたいなことを言い出して、イオン側が俺たちはもしかしてただのスーパー屋ではないのかもしれないみたいになった時に誰か出てくるかもね。モールデザイナーみたいな。

佐藤 たとえば、ゲーム業界は完全にそうですね。任天堂があるタイミングで横井軍平さんや宮本茂さんの作家性に気がついた。あれも外側から。もともと我々は町工

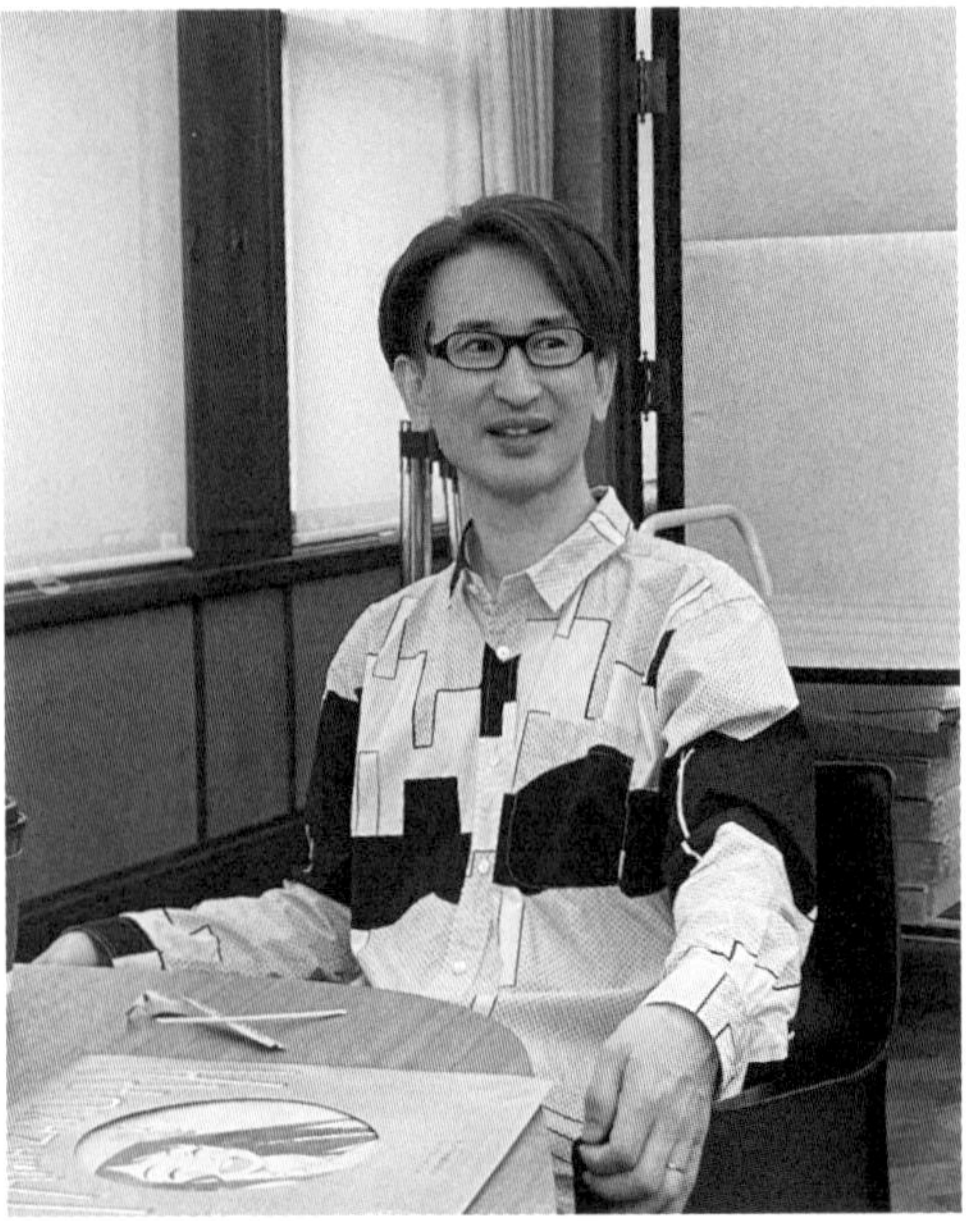

大山「資格がない人が口を出すと作家性が生まれる」

場の玩具屋ですって言ってたんだから。

大山　イオンだ。

佐藤　イオンだった。わてらは京都のスーパーですってずっと言ってたらある時に……。

大山　君たちは文化を作ってるんだ！って。

佐藤　アメリカとかハリウッドからどんどん言われちゃって。それから「宮本です。マリオを作りました」と。そういう作家性を引き受けたわけですよね。ただマリオを作った人っていっても本当はものすごい数のプログラマーとかがいる。でもゲーム性や普遍性を担保するクリエイティビティは「私がやってます」って覚悟を決めた。

大山　ゲームを作りたいとかアニメを作りたいみたいな人には宮本さんとかイシグロ監督みたいな人になりたい、この人がすごいんだ、この人が全部を作ってるんだ、作家性はこの人にあるんだっていう誤解を一旦させるんだけど、実際は俺が作ったって言いたいわけじゃなくて、名誉と責任を引き受ける覚悟をしてるんだなって。

佐藤　どう考えてもそうじゃないですか。そこから任天堂は大きく変わったし、それこそゲーム業界を全部変えていったと思うし。

イシグロ　川口のイオンが新しくなったじゃないですか。ちょうど中間地点に子供が遊ぶ木の遊具があって、無料の広場なんですけどなんか公園っぽいなと思ったんです。そこから見える景色みたいなものを発想していくと、やっぱり近くには吹き抜けがあって、その吹き抜けのデザインと発想を、その公園部分からやってったらもっと変わる余地があるような気もするから。

大山　今の川口イオンはグリーン、潤い、木、瑞々しさみたいな、よくあるキーワードが掲げられていて、僕からするとありきたりというか、あんまり作家性とは関係ない無難な印象ですね。

佐藤　天井に空とか。

大山　見たことない吹き抜けの様式みたいなものが登場して、それをデザインした人の名前が出てほしいな。

佐藤　めちゃめちゃパイプだとか。ポンピドゥー・センターとかもそうじゃないですか。作家性としてパイプをたくさん外に出す、みたいな。

大山　そこから始まって、あれは誰がやったんだってなると。

イシグロ　川口のはちょっと文脈を変えて作ってるところがある気もする。さっき言った子供の遊び場はたしか三階なんですよ。そのすぐ近くに書店があって、ゲーセンがちょっと離れたところにあるんですが、二階がフードコートで座席があるところの上がモール的な構造だったら床を作って店を開けるんだけどズドンと抜けた吹き抜けを作ってるんですよ。フードコートの座席の上がかなり抜けてるんですよね。フードコートで上が抜けてるっていうのはよくよく考えたら他に見たことがないなと思って。

佐藤　座る人が多いから抜け感を見せたいっていう意図の設計ですよね。

大山　言われてみればフードコートなら確かに可能だなと思う。レストランみたいな食べるところと作るところが一個の塊になっているところを吹き抜けにするのはすごく難しいけど、フードコートは厨房と食べるところが別なので、食べるところだけを吹き抜けにするのが可能なんですよ。そういうエンジニアリングとそれがどう可能なのかみたいなところから作家性が生まれるのかもしれないですね。

佐藤　そうですね。やれることとやりたいことの折衷みたいな。

大山　モールを作りたいと思う人はどう生まれるんでしょうね。

イシグロ　生まれてほしいですよね。

佐藤　モールの想像力って、比喩じゃなくて最終的にモールをどうするかの想像力を働かせる話。

大山　僕は大学で勉強したことで順当に仕事に就くんだったらモールを作ってたはずなんですよ。でも、中の人になってたらこういうことを考えるようになってたかってわかんないなあ。

佐藤　どこかで客観性がないと、そういう地平にはいかない気がしますね。その客観性は、もしかしたら作家性っていう一番遠い存在が担うのかもしれない。

大山　両方ないと作家性が生まれないし、批評する人がいないと作家が出てこない。

佐藤　『サイダー』自体がそうかもしれないですね。映画を作りたいと思うのか、モールを作りたいと思うのか、レコードを作りたいと思うのか。それは圧縮されてて解凍してみないとわからない。

大山　いいね。二十年後にはモールを作った人の名前が出るような世の中になって、その人にインタビューしたら『サイダーのように言葉が湧き上がる』という映画があって、あれを観て自分もああいうところで育ったんでモールを作りたいって思ったんですよねって。そういう人が出てきてほしいですね。ある作品が別のジャンルの作品の批評になるってそういうことじゃない？　だから『サイダー』はモールの批評なんだよね。

イシグロ　楽しい場所だぞっていうのは込めて作っているのでそこを感じてもらえたら何かきっかけになる気がする。まあ、ゼロじゃないですからね。

大山　いてほしいし、いると思う。

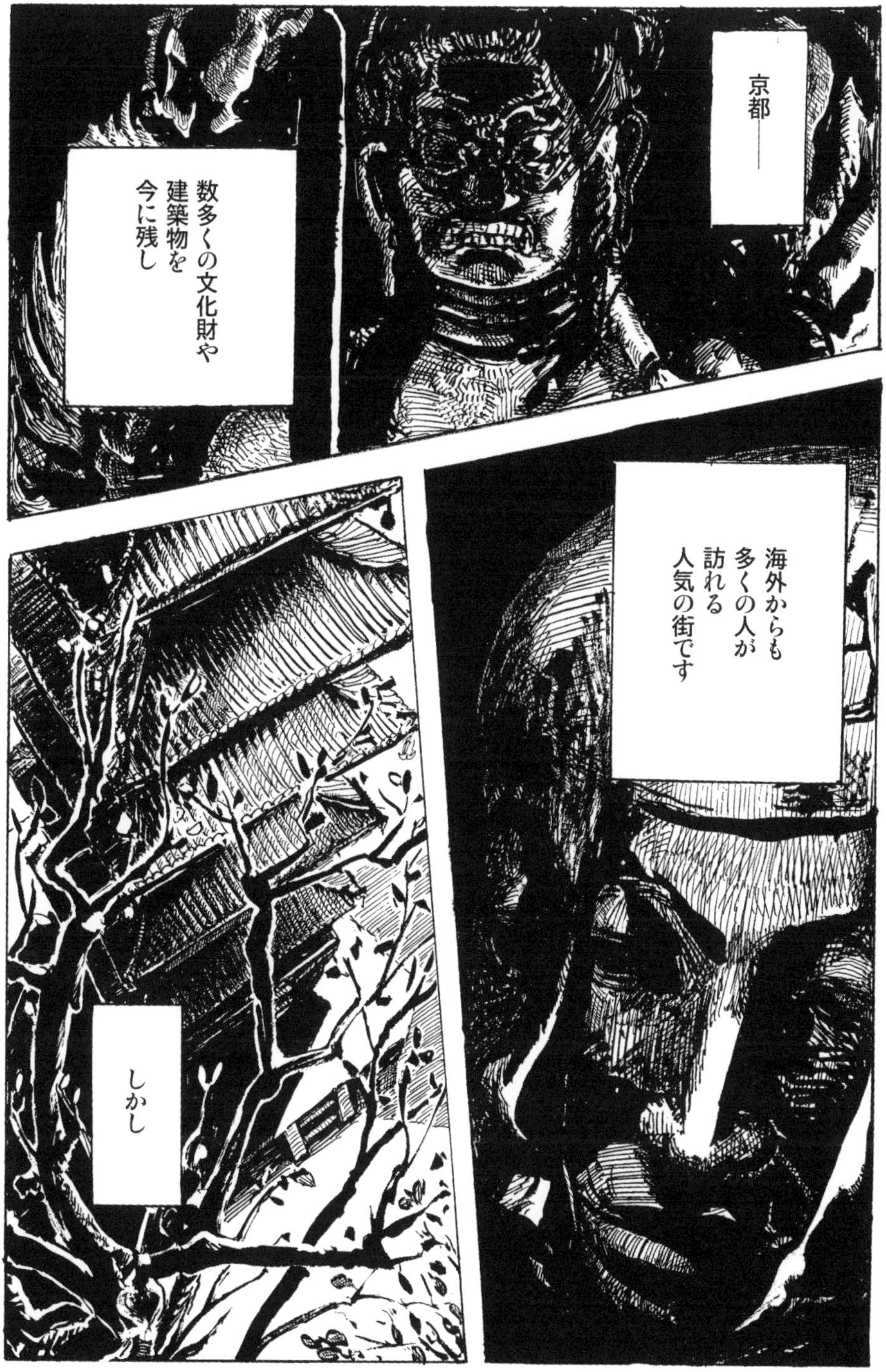
京都――
数多くの文化財や
建築物を
今に残し
海外からも
多くの人が
訪れる
人気の街です
しかし

イオンに
みせられて

もぐこん

ÆON STYLE
私はこの街へ
イオンモールを
見に来た

カシャ
イオンモール
お客さま感謝デー
本日開催
カシャ
カシャ
カシャ
カシャ
はぁあ・・・
かっこいい……

ねぇ
何してるん?
え
何…って
写真
撮ってるのよ
なんの?
盗撮?
モールの写真を
撮ってるんだよ
あやしいものでは
ないですよ…

分かりましたっ!!
だだだだだ
やっぱり変な人やった
は――…
いでっ
失礼やろっ
あ…
すんません…
変な子供…
STYLE
知らん人に声かけたらあかんよ

イオンモール京都桂川《かつらがわ》
京都駅から
JR京都線で
西へ2駅
JR桂川駅とデッキで
直結したモールの入り口には
電車が来るたびにたくさんの人が
吸いこまれる
ように
急かされるように
入っていく
JR桂川駅

今日はどうする？
プリ撮る？
ちょっと疲れたし先にスタバで休もうよ
じゃあ今日はあの新作にしようよ栗の
並べて写真撮ろ
あ　あれ
おいしいよね
そういえば今日家に誰もいないんだった
なんか食べたら？ラザニアおいしいよ
まじー？超おいしいよ
私甘いのしか食べたことないかも
ちょっとちょうだい

ここに来る人は

モールの中にしか興味がない
全国の処方せん
承ります

イオンモールを
外から眺めると
とても
かっこいいという
重大な事実に
うふふふ
気づいているのは
ああ、
かっこ
ええわぁ
私だけ

でも
あの女子高生たちのように
モールの外には
目もくれない人たちの
方が正しい

ÆONMALL
「モール」は
街そのものだから
その外側を
気にすることはない

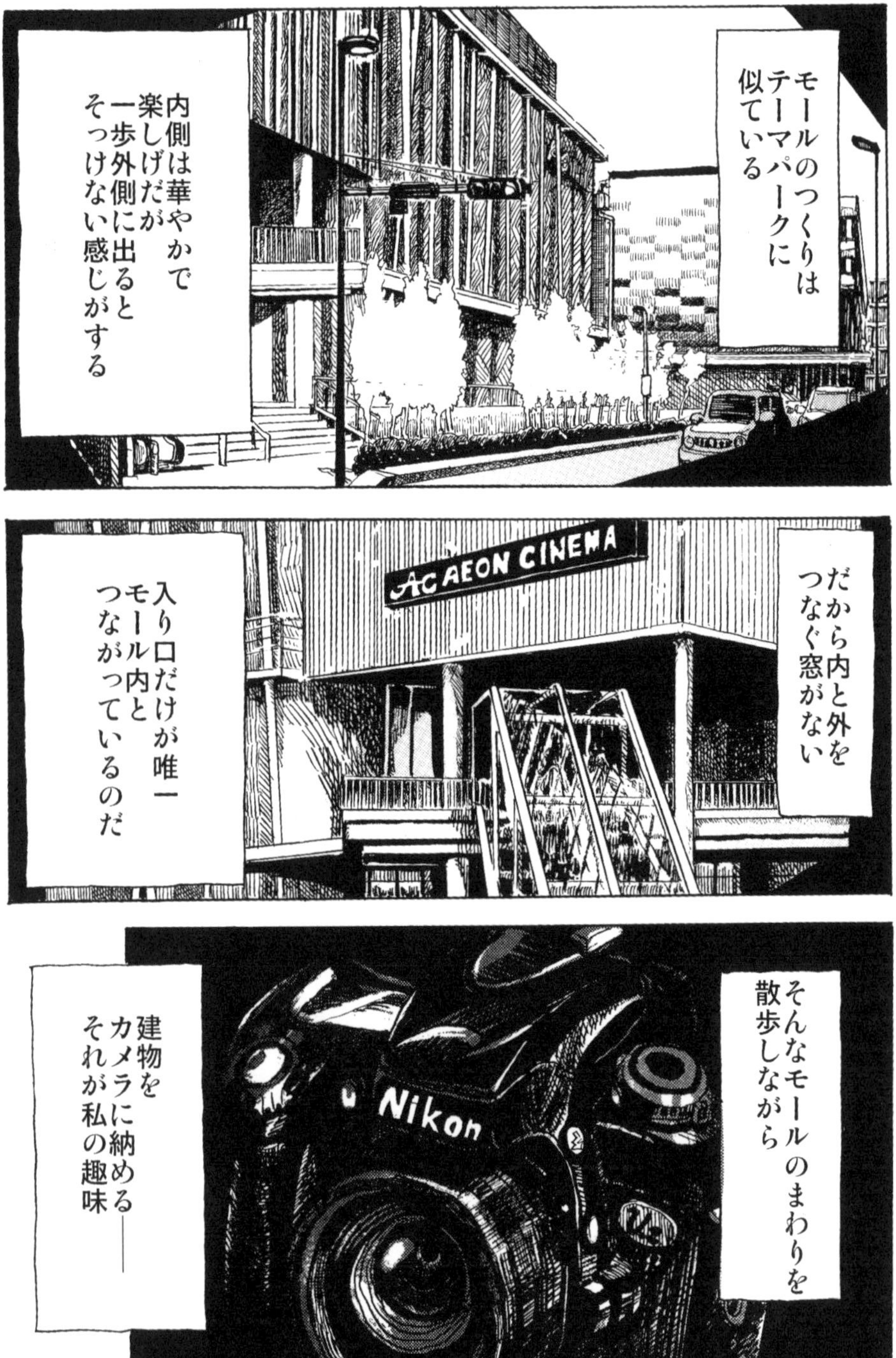
モールのつくりはテーマパークに似ている
内側は華やかで楽しげだが一歩外側に出るとそっけない感じがする
AEON CINEMA
だから内と外をつなぐ窓がない
入り口だけが唯一モール内とつながっているのだ
そんなモールのまわりを散歩しながら
建物をカメラに納める——それが私の趣味
Nikon

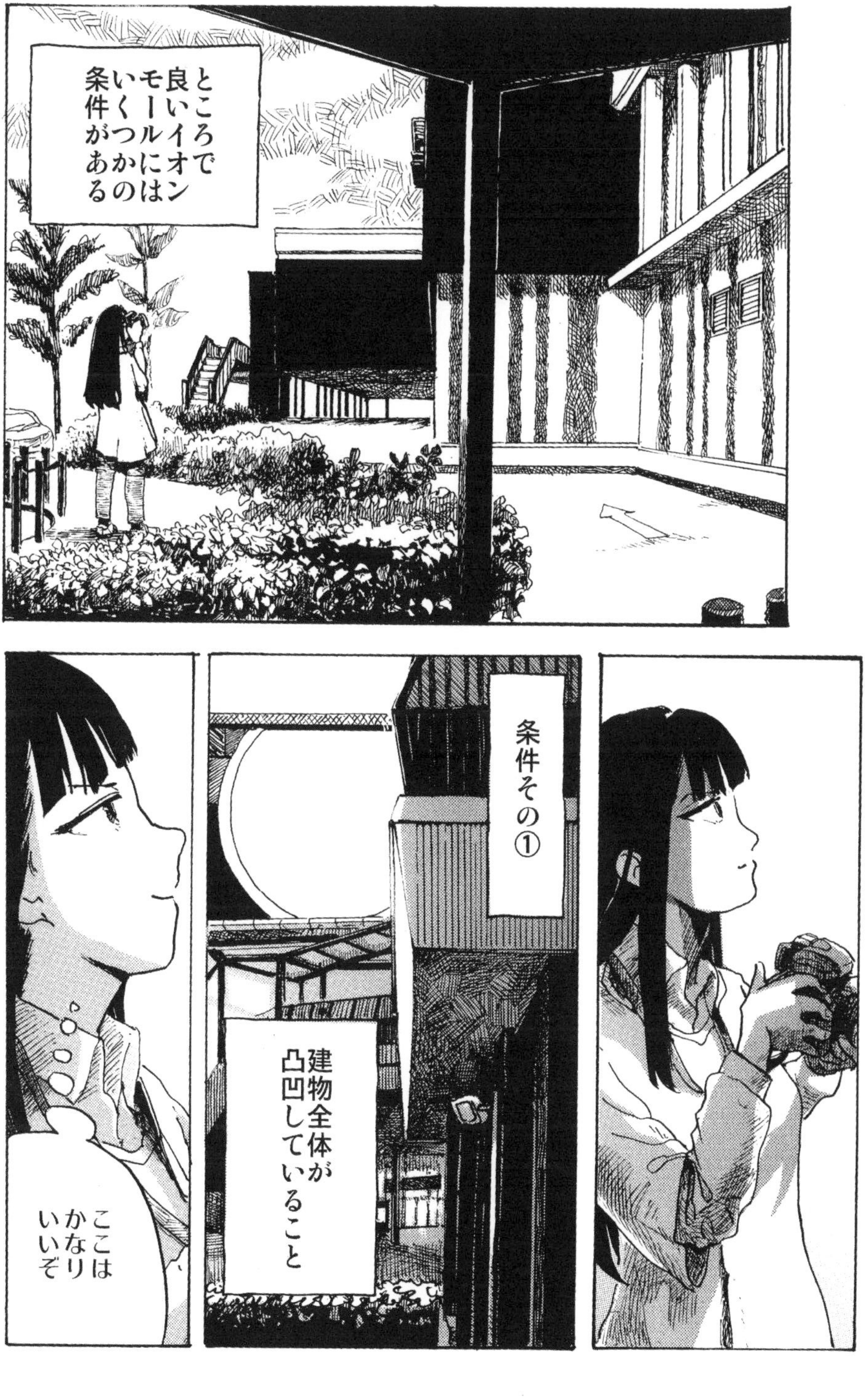
ところで
良いイオン
モールには
いくつかの
条件がある
条件その①
建物全体が
凸凹していること
ここは
かなり
いいぞ

形が凸凹していると
見る位置や角度で
表情が生まれる
時間や天候によって
陰影も変わるから
いつ見ても
違って見える

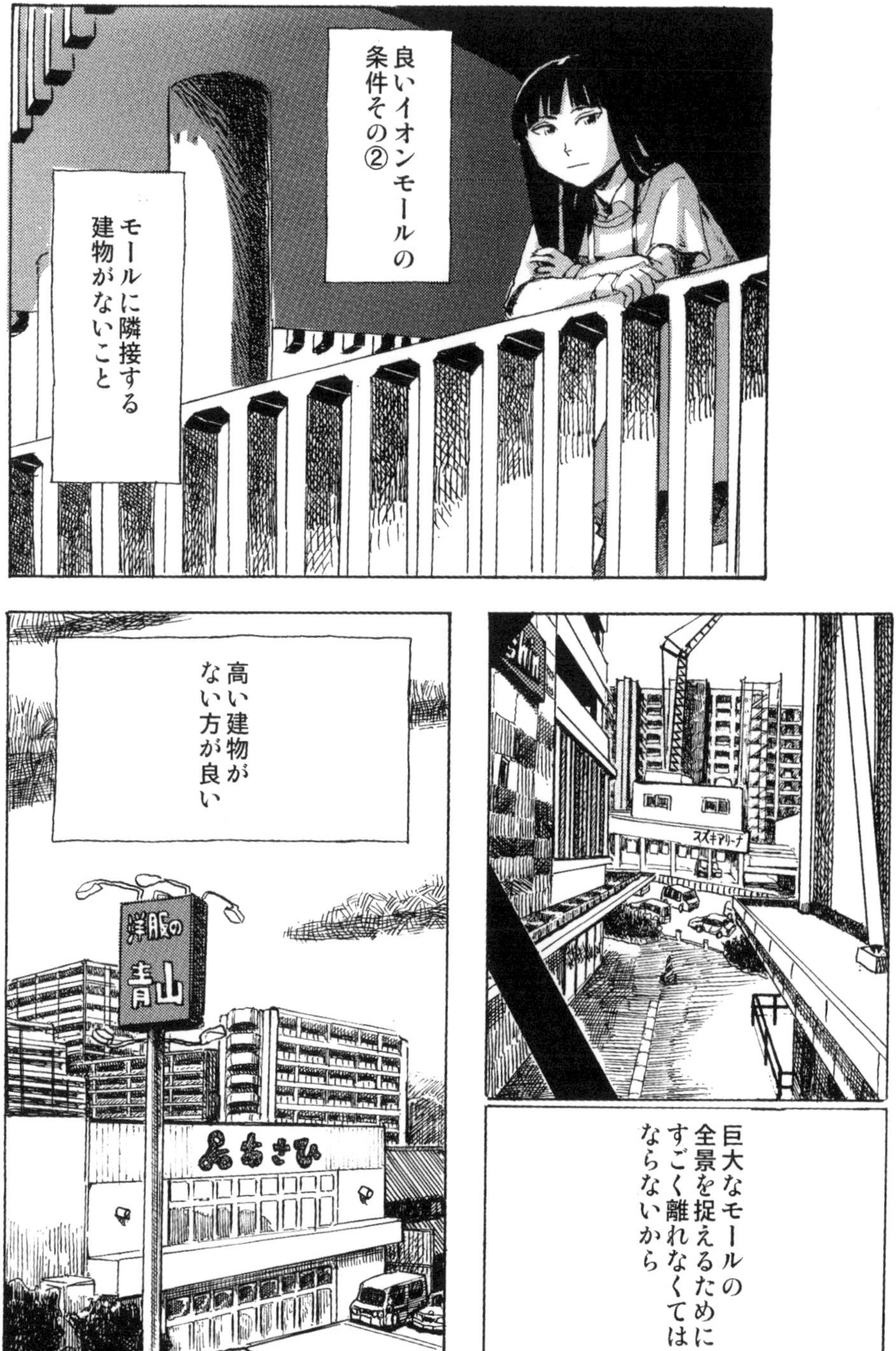
良いイオンモールの条件その②
モールに隣接する建物がないこと
スズキアリーナ
巨大なモールの全景を捉えるためにはすごく離れなくてはならないから
高い建物がない方が良い
洋服の青山

イオンモールの写真を撮る上では
平面駐車場があると迫力があって最高なのだが
JOshin
カシャ
このモールには立体駐車場しかないみたいだった

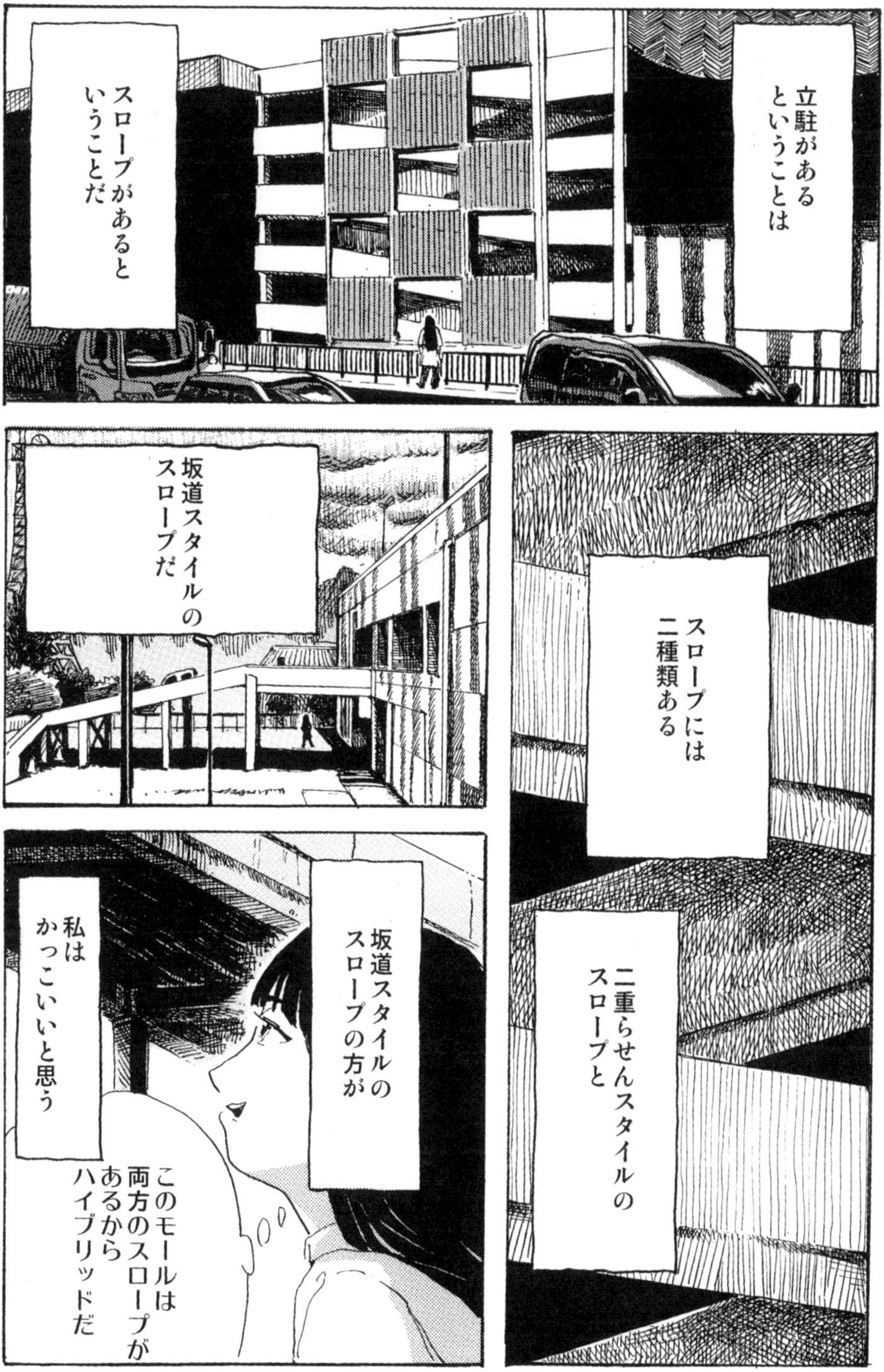
立駐があるということは
スロープがあるということだ
スロープには二種類ある
二重らせんスタイルのスロープと
坂道スタイルのスロープだ
坂道スタイルのスロープの方が
私はかっこいいと思う
このモールは両方のスロープがあるからハイブリッドだ

良いイオンモールの条件その③は
良い駐車場があるかどうか
そして
イオンモール散歩に欠かせないものがもう一つあります
モール内のショップや飲食店の案内をフロアごとに紹介した地図
FLOOR GUIDE
フロア ガイド
イオンモール
京都桂川
「フロアガイド」です
フロアガイドに載っている平面図と
1階
散歩して見てきた外観の記憶が

頭の中で結びつき
大きすぎて全体を
捉えきれなかった
モールが
模型の宇宙船
みたいに
立体的に
浮かんでくる

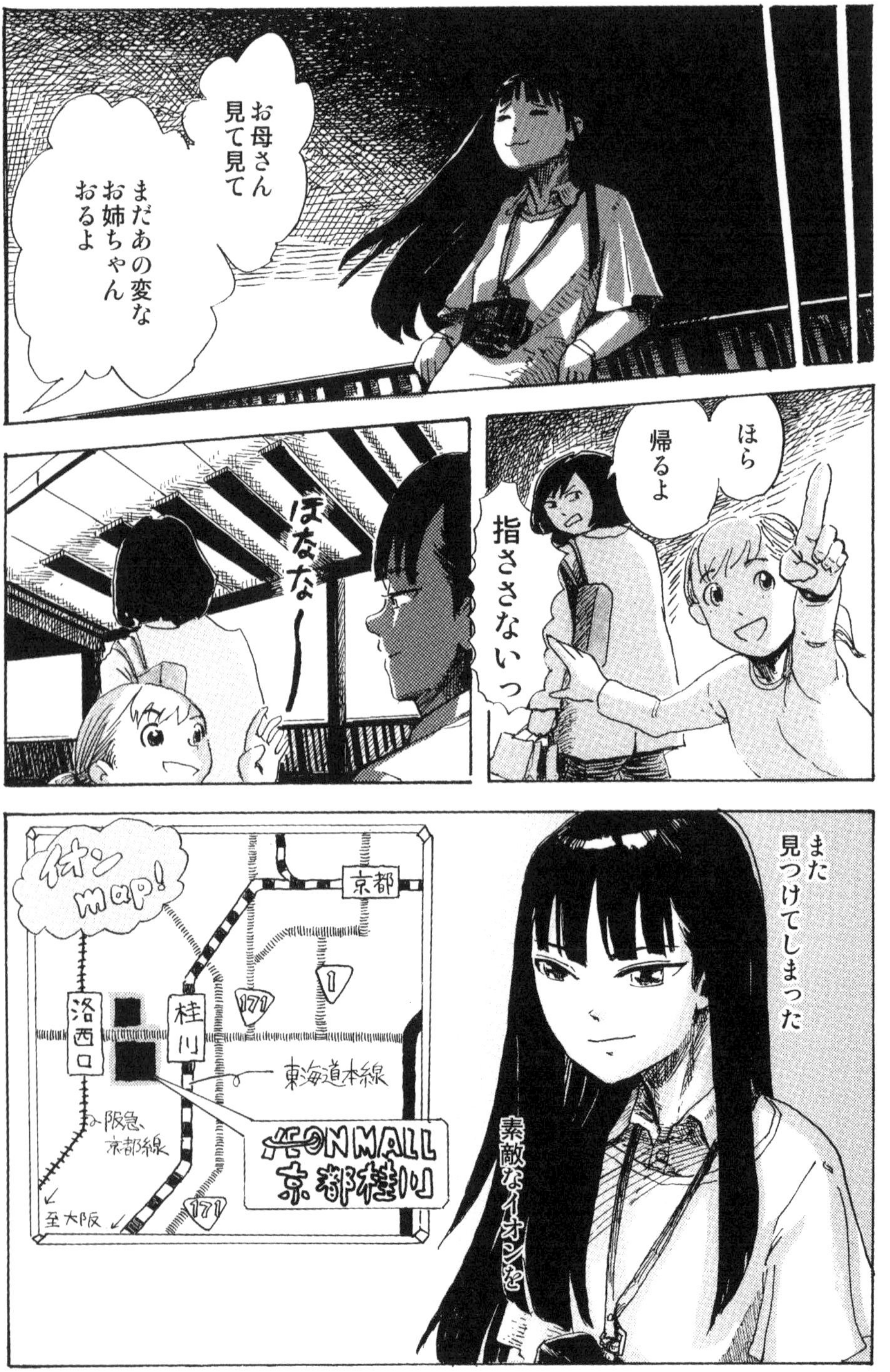

お母さん見て見て
まだあの変なお姉ちゃんおるよ
ほら帰るよ
指ささないっ
ほななー
また見つけてしまった
イオンmap!
京都
1
171
洛西口
桂川
東海道本線
阪急京都線
AEON MALL 京都桂川
171
至大阪
素敵なイオンを

3 ユートピアとバックヤード

ショッピングモールから考える・再び

東 浩紀・大山 顕

モールは「永遠の現在」のスペースだ

東　二〇一六年にふたりで出した『ショッピングモールから考える』（幻冬舎新書）を読み返してみたんだけど、僕たちがふたりとも十年若いし世の中もけっこう明るい。世界中に旅行に行けてるし、グローバル化とか消費社会みたいなものを信じている。そういう意味ではすごく時代が変わったと思うんだけど、とにかく、自分的にはその明るさと若さにやられた。

大山　今は若くないってこと?

東　この間ラゾーナ川崎に行ったんですよ。たまたまひとりで映画を観に行ったんですけど、ふと気がついたらショッピングモールに来ている人たちって、もうほとんど僕より若いんですよね。かつては自分がコア層だったのに。つまりショッピングモールって年齢層が動かないんですよ。商店街と違って、テナントも全部入れ替わるしお客さんも入れ替わる。商店街だったら一緒に年を取ることができるけど、ラゾーナと一緒に年を取ることはできないんですよね。そのことに気がついて、二〇一六年のころはまだぎりぎりショッピングモールの主要客層だったんだなと思ったんですよ。今はもう違うんだよね。ショッピングモールにいる人たちは僕よりも十歳くらい若くなっちゃってる。観察する対象で自分の場所じゃないんですよ。

大山　僕も年齢的に言うとそうなんだけど、子どもができたので、ファミリー層という点でまだコアなんだよね。

東　子ども用のものがいっぱいあるから、場所はある。とはいえ、そんなに排除されてると感じたというわけじゃなくて、むしろ積極的に、ショッピングモールというのは年を取らない「永遠の現在」の空間なんだなと思ったんですよ。人間は年を取るでしょう。二〇一六年は七年前だから僕は四十五歳かな？　大山さんは四十四歳でしょう。ぎりぎりまだショッピングモールに行ってる人たちと似たような年齢ですよね。二十代後半から四十代の前半くらいまでって、時が止まってるみたいな時代だと思うんですよね。大人になって、ずーっと大人なんですよ。でも四十代後半からいわゆる老いというものが始まって、時間が永遠ではなくなるじゃないですか。ショッピングモールって二十代から四十代くらいの永遠という時間が閉じこもってる空間なんですよ。子どもも永遠ではないんだけど、大人というのは二十年間くらい変わらない。趣味も変わらないし、運動能力もさほど変わらない。まあ、金銭的には二十五歳と四十五歳だとずいぶん変わってくるけど、一回で食べられる量とか、そういうのは変わらない。その変わらなさっていうのはショッピングモールの特徴なんだなと思いましたね。

大山　それはユートピアが抱えてる変わらなさと通じるものがあって面白い。一般的に雑誌などは読者と一緒に年を取るとダメだ、新しい読者を獲得していかないと、みたいなことを言われるけど、モールは見事に新陳代謝している。テナント構成を巧みにやっているということですよね。

東　そう思いますね。それはラゾーナだけじゃないでしょう。おそらくすべてのショッピングモールがそういうことを意識的にやっていて、数年ごとにテナントを変え、客層を若返らせていってる。それはいいのか悪いのか、両面があると思うけど、ただ一緒には年を取ってくれない空間だよね。子育て層というか、ショッピングモールってファミリーみたいなことと密接に関係してると思うんだけど、子育てって長いようですごく短くて、ショッピングモールに行って楽しいと思う時期って、おそらく数年くらいしかないんですよ。マックスとっても十年ないと思うんですよね。そういうところにすごく焦点化させている。人間の人生の中である瞬間というのがあって、そういう年齢層に向けてある種の幻想を作っている空間なんだなと。

大山　『ショッピングモールから考える』のときはもっと普遍的な物だと思っちゃってたんだ。我々が若かったから。

東　さらにいえば「永遠の現在」っていうことを人が幻想として思える時期っていうのは、ある限られた年代で、その年代に向けて作られてる空間だなと思った。子どもを育ててる親の年代というか。一種の嘘なんですよね。ショッピングモールというのは幻想の空間で、確かにその周りには現実のさまざまな厄介なことがある。二〇一六年の本ではそれの後ろめたさみたいなことっていうのは忘れちゃいけないんだ、みたいなことを書いていて、そうなんだと思うんだけど、結局、年を取るとい

東 浩紀

うのは、自分がどんどんバックヤードに押し込められていくような感じじゃない。バックヤードが大切だと思ってはいても、そこからもう一周回って、じゃあなんで人はああいう幻想を必要とするんだろうみたいなことについて最近は考えたりする。

大山「永遠の現在」のユートピアみたいなのが嘘だっていうのは本当にその通りで。今回、特にバックヤードに注目したのは、その嘘くささをどうにかしたいと思ったからなんだよね。バックヤードを排除した嘘というのに人類全体が耐えきれなくなってきているのでは？　というか、耐えきれなくなってきていたらいいなと。我々はもうちょっとバックヤードを見たい、同じ嘘ならバックヤードの嘘を見たいんじゃないか、と考えたんですよ。

東　フロリダのディズニーランドってバックヤードツアーがあるんだよね。アニマルキングダムのバックヤードを見せるよっていうテーマパークがある。すごく倒錯してるんですよね。

大山　あのバックヤードツアーのバックヤードがあるはずだ。

東　あのバックヤードは絶対バックヤードじゃない。白衣着たスタッフが動物の世話したりしてるんだけど、絶対嘘だよ。だからすごく倒錯してるなと思った。あんなもの作る必要ないよね。変な人たちだよ。

大山　僕はあの倒錯がいいなと思ったのかもしれない。バックヤードがないことにするっていうのは、もう通用しなくて、とりあえず嘘でも我々のバックヤードを作ろうという。

東　メイキングドキュメンタリーみたいなもんだよね。映画制作のドキュメンタリーが話題になったりするけど、でもそれ込みで演出だったりするわけじゃない。そういう作られたバックヤードみたいなものっていうのは、どんどん巧みになってますよね。

大山　漫画でも編集者の漫画とか、多いじゃないですか。物語を作る人の漫画がものすごく多くて、すごくウケてるんだよね。

東　でも僕はそれはちょっとよくないと思ってる。自慰行為的になっちゃうから。僕に近い業界だと紀伊國屋じんぶん大賞なるものがあって、僕も獲ったことがあるんだけど、あれは書店員が考える人文書だから、やっぱりどうしても今日本で売れる本が中心になっちゃうんですよ。でも人文書って本当はもっと広いから、僕は実は違和感を持ってる。書店員という特殊な業界の関心が本や漫画に対して大きな影響力を持ち過ぎてるんじゃないかという危惧があるんですね。バックヤードばかり見せても仕方ないんじゃないかな。

大山　一方で、たとえばカスタマーハラスメントとか。あれっていまだに裏方にいる人との間に線を引けるもんだと思ってる人たちがやっちゃうと思うんだけど、もう世の中的にそうじゃないよねってなっている。僕は本当か嘘かにあんまり興味がなくて、嘘でもいいから、裏にいる人たちを表に出すみたいなことがけっこう重要なんじゃないかと思った。

幻想がなければ社会は持続できない

東　結局ショッピングモールで買い物してる人っていうのも、それぞれの職業においてはどこかでバックヤードなわけじゃないですか。裏方の人間がいて、別にお客さんがいるんじゃないんですよね。同じ人が別の場所に行ったら裏方になってるだけだから。ある種その二重性が今の消費社会を考える上では大切だと思うんですよ。裏方をやっていないのってすごくトップの富裕層だけだと思うんですよね。たいていの人は裏方を担当している部分という一方がありながら、裏方を見ない幻想の空間というものも必要としていて、消費者と生産者であるところの二重性みたいなので生きている。それが僕たちがいる世界だと思うんですよ。昔の階級社会と違ってるのがそこで、それこそ十九世紀のイギリスとかだと、いわゆるきらびやかな世界に生きてる人と裏方階層はぜんぜん違う階級だったわけだけど、今はそうじゃない。特に日本はそうじゃない。すべての人がどこかで裏方をやってる。そういう人たちが、ある時に幻想の空間を必要としていると。だから、裏方、バックヤードって確かにどんどん今の僕たちの世界では見えなくなってるんだけど、見えなくなっているからといって考えなくなっているわけではなくて、みんながどこかで裏方をやってる世界なのかなと。

大山　ある人が働いてる時間は裏方にいて、生産者で、休日は消費者になるみたいなことは、社会学の最初に習うことじゃない。その二重性が近代の消費社会を支える。それってまだ有効なのかなって、ずっと思ってたんだけど、有効というか変わらないってこと?

東　それは変わらないんじゃない?

大山　なんで変わらないんだろうね。

東　みんなで社会を作ってるから。ただそれこそ子どもである時っていうのは、そういう意味で言うと裏方をやってないわけじゃない。成人すると裏方もやるようになる。生産者と消費者の二重構造に入ることが大人になることだよね。

大山　民主主義的社会では根源的な構造だと。

東　そう。結局、ショッピングモールみたいな空間というか、幻想の空間というのは僕たちの社会の構造上絶対必要で、それを全部はぎ取って、生産者としてだけ、労働者と言ったほうがいいのかもしれないけど、労働者の部分だけに注目するのが本当に正しいのかなと。マルクス的な階級闘争だと労働者は労働者なんですよ。労働者と消費者の二重性というのは思考しにくい。けれど、その二重性こそが僕たちの社会を安定させる上ですごく大切で、そこで消費の部分というのは幻想で夢でしかないので、私たちは生産の現場、労働の現場についてだけ考えましょう、となると、社会全体を捉えることができないのではないかというのが、僕の考えなんですよね。幻想がないと人が生きていけないっていうのは昔から言われてることだけど、コロナとか戦争とかが起きて、今の日本社会を見ても、幻想というのがますます大切だと思うようになった。現実を突きつけりゃいいってもんじゃないと。わかりやすい話だと、子どもを作ると何千万円もかかりますよ、大変ですよ、とか、現実ばかり突きつけたら誰もがやる気をなくすに決まってるわけですよ。結婚したら幸せになりますよとかって幻想ですよね。でもその幻想がないと、やっぱり社会って持続しないんだと思うんですよ。

大山　なるほど。

東　現実という言葉をバックヤードと言い換えれば、今、多くの人は、バックヤードを見せるだけで満足しちゃってるんじゃないのと思ってるんです。裏方をそのまま出して、後ろではブラック企業が動いてるんだとか、ワンオペで大変なんだみたいなことばっかり言ってる。じゃあわかったよみたいなことになるでしょう。じゃあもう外食もショッピングモールも行かないし、子どもも作らないしずっと家にいりゃいいんだろうみたいなことになっちゃうわけだよね。だから幻想というのを再構築するにはどうしたらいいんだろうみたいなことが、最近の僕の関心事なんです。

大山　二〇〇〇年代後半くらいからわーっと言われだした、今で言うとGAFAあたりのオフィスがかっこいいみたいなこと。あれってバックヤードを幻想化するものですよね。通常オフィスは見せないし、楽しいところじゃないしみたいなことの反対をいった。あれを僕はシャラくさいと思う一方、どうして今までなかったんだろうとも思った。幻想は必要なんだけど、今はバックヤードとの間に簡単に線を引きすぎっていうか、バックヤードだよねって言っていることの何割かは幻想化できるんじゃないかと思ったんですよね。

東　バックヤードも楽しく見せようみたいなことだね。

大山　全部は楽しくならないのはわかってるんだけど、楽しくないと思っていることの何割かは、見せちゃいけないもんだしみっともないとみんな思っているだけなんじゃないか。髙島屋さんでバックヤードを回ったり、そこで働いている人と話した時に思ったことなんですね。ここは絶対見せないとか、これは言うことじゃないみたいなことを言うんだけど、絶対楽しいし、見聞きしたら多くの人が興味を持つものがたくさんあったんですよ。僕の趣味もあるけど、単に現実を突きつけるとかじゃなくて。楽しいことがいっぱいあるのに、みんな簡単に線を引いてしまう。それはもったいない。

東　要は、現実を突きつけ合うだけの公共性というのは、実は公共性として不十分なんじゃないかということですよね。みんなが自分は辛い、自分は大変だっていう声を上げるだけが公共性じゃない。何か幻想をみんなで共有するっていうのも公共なんだけど、今はそういうものがすごく少なくて、みんなが同じ世界に生きてるとか、みんなが同じように豊かになってるみたいなことを感じられる空間っていうものが、ショッピングモールくらいしかなくなってるんじゃないか。

大山　そう、本当にそうだ。となるとおっさんの幻想はどうしたらいいんだろうね。ショッピングモールのコアじゃないわけでしょう。

大山 顕

東　ただ、それはラゾーナの特殊な個性かもしれない。あそこは川崎だし、若い層に向けてすごく成功してるショッピングモールじゃない。本当に若いんだよね、客層が。若いカップルとか若い家族連れとかが芝生の上でごろごろしてるわけ。電車とも直結してるから、自家用車もなくても来れるし、そういう点がほかと違うのかも。六本木ヒルズなんて、もしかしたら着々と老化してるのかもしれない。あそこで、ここみんな若いなって感じたことないから。

ラゾーナ川崎は「街」を作っている

大山　この前イオンの人に聞いたんですけど、今、イオンモールの中をお年寄りのウォーキングに使ってくださいということをやってるらしいんです。

東　それはいいことだ。

大山　全国の大部分の、特に地方のモールは一緒に年をどう取っていくか、みたいなことを考えている。

東　それは有望だし、あるべき姿だよね。

大山　イオンの話を聞いて僕は本当に歩くストリートなんだ！みたいな驚きがあった。周りはバイパス道路しかなくて、街歩きみたいなことができなくなってる中、モールだけがその代わりになってる。いいことなのかどうか疑問だけど。取り組み自体はいいことだけど、モールだけしかないというのはあんまりいいことじゃない。

東　それはまさにショッピングモールが公共性を代替しちゃってるというか、ハックしちゃってる。

大山　そうです。ラゾーナを作った三井不動産はデベロッパーなので、街を作っているという意識がおそらくあって、企画をやったり設計をやったりする人たちにも建築とか都市計画系の人がけっこういるし、カルチャー的にも、僕らが言うようなことも興味を持って聞いてくれるんだけど、イオンは全然わかってくれない。嫌な感じはしないんだけど、うん？　いやまあそういうのはいいっす！みたいな感じ。少なくとも僕が会った人たちは。ようするにスーパーの人たちなんだよね。街を作ってると彼らは思ってなかった。だけどウォーキングの話を聞いて思ったのは、長年イオンをやってきたら、俺たちは街を作ってるんじゃないかって思い始めたってことだと思うんです。実地で、彼らが「実はあれ、俺たちちって」と思い始めてるんじゃないかと感じられて、面白かった。

東　イオンモールを街だと思ってないんだ。

大山　たぶんでかいスーパーだと思ってる。自分たちのことを。

東　他方でラゾーナは街を作ってる。よくできてるよね。電車と車の導線といい、ショッピングモールの完成形態だと思う。僕がショッピングモールに関心を持ったのは、実は、たまたま娘が生まれて大田区に引っ越してきた時に、ラゾーナがほとんど同時に誕生したからなんだよね。うちの娘とラゾーナの誕生ってほとんど同じなの。僕にとってショッピングモールって娘の話なんだよね。

大山　川崎駅前はすごく面白くて、駅の反対側にチッタがあるじゃない。チッタはチッタでめちゃくちゃよくできてるんだけど、やっぱりラゾーナとは違うんだよね。残念ながら今ウケないんですよ。建築都市計画デザインで言うと、チッタは最高なんだけど、現代的モールの要素を全然備えてないからきついんだよね。

東　建築的な言葉で言うとラゾーナとどう違うの？

大山　ストリートじゃなくて路地でできてるんだよね。それは完全にデザイナーであるジョン・ジャーディの趣味なんだけど、ヨーロッパにおける自然発生的な路地を安全に本気で迷わない程度に再現した空間の作り方で、僕は最高にワクワクするんだけど、特にショッピングに対する感受性っていうかプロセスが変わっちゃった今の人、ようするに検索のワードを入れたら欲しいものが出てくるみたいなのがショッピングの大きな要素のひとつだと思ってる人たちにとっては、迷う楽しさなんかはもういらないわけ。ジャーディはまったく逆で、街は迷うから楽しいんだよねって言ってるんだけど、それはもう通じなくなってるんだね。ラゾーナは本当によくできてて、ジャーディが作ったものをさらに現代的に洗練させていて、それは今回書いたけど、ブラッドベリが言っている「安心して迷子になることが必要」ということ。ラゾーナって単に三角形なんだけど、すぐどこら辺にいるかわからなくなる。あれはおそらく究極の形態なんですよ。特に日本人はグリッドじゃなくて、三角形にするだけでわけがわからなくなる。あっけなくね。

東　そうかもしれない。電車からの導線と車からの導線が変な角度で交わってる。

大山　駅コンコースから四十五度の角度で入るんだけど、ぐっと頭の中で調整されて、正面から入ったかのように錯覚して、もうわけがわからなくなる。でも本気で迷子にはならない。なぜなら一本道だから。

東　よくわかる。何十回も行ってるけど、いまだにわからなくなるんだよ。頭の中では駅からまっすぐ行ったら駐車場に行くはずなんだけど、実際は違う。角度がついてるからすぐわからなくなる。シンプルな迷宮性があるよね。

大山　ジャーディのデザインは残念ながらもうみんなついていけないんだろうな。チッタに息子を連れていくと、大喜びで走り回る。楽しいんだけど、でも、ショッピングじゃないんだよね。

東　ラゾーナはターミナル付属モールでもある。それが他のところと違う。

大山　モールと聞いてイメージする地方の郊外のバイパス沿いじゃないんだよね。
東　あと川崎っていう街自体の印象をすごく変えた。あれは大変な成功例だよ。
大山　ラゾーナは奇跡的なんだ。
東　ラゾーナを絶賛する会になってきた（笑）。
大山　「ショッピングモールから考える」じゃなくて「ラゾーナから考える」だ。あまり語られないのが不思議なんだよね。レイクタウンなどはしばしば語られるし、イオンはいろんなところで話題になるんだけど、ラゾーナの話ってあんまり出てこないじゃない。ラゾーナを舞台にしたマンガを見たことがないし。
東　そうなんだよ。もう一回僕らはラゾーナについて考えなきゃいけない。

ミヤシタパークは渋谷で唯一モール的である

東　三井不動産というデベロッパーを考える上でもラゾーナってすごく大事なわけじゃない。今、三井といえばミヤシタパークや外苑前再開発の話でなぜか悪の権化みたいになってるでしょ。そういう点でもラゾーナについて語ることには意味があるのかもしれない。この十年間で、東京で大きく変わったと言ったら渋谷でしょう。渋谷がまさにショッピングモールシティになっちゃったわけじゃない。それをポジティブに考えるのかどうか。
大山　僕はそもそも『東京から考える』（ＮＨＫ出版）を読んで、東さんを、この人すごい、と思ったんですよね。あの中で話題に上っていた下北沢の再開発は「下北線路街」として決着しましたけど、あれは近年稀に見る成功した再開発事例ですよね。僕が面白いなと思ったのは、再開発にあたって最初に描かれた絵というのは、よくある再開発で公開空地を広めにとって広場を作って、真ん中にタワーみたいなのを作るというような計画で、それはないだろうってみんな言っていたんだけど、結局、タワーみたいのを建てるのはやめて、線路が走っていた敷地を一本のストリートにした。いわば上空に伸びていたものを横倒しにした。あれって完全にモールじゃないですか。消費の場にはやっぱり歩くこと、一直線でガンガン歩くことが必要だよねっていう知見を活かした結果、縦じゃなくて横になったんじゃないかと僕は思う。そして結果、うまくいっている。それで言うと渋谷はやっぱりちょっとね、そういう消費の空間はどうあるべきかみたいなコントロールがもはや効くような状態ではないので。ミヤシタパークはそれでも頑張って、敷地がもたらすストリート性を活かしている。

東　渋谷はいろいろ考えてああいう形態になったんだと思うんだけど、街全体の回遊性が失われてるよね。ビルとビルが一応デッキなどで繋がってるんだけど、繋がってるだけになってる。

大山　そうですね。繋がってることと回遊は違うっていうことがよくわかる。

東　ヒカリエから渋谷ストリームのほうに行こうとか、ストリーム通ってまたこっちに行こうとかって思わない。なにか失敗してますよね。

大山　失敗してますね。渋谷はストリートの街だと言って、九十年代くらいまではやっていたわけじゃない。それを捨ててしまったんだよね。明治通りにしても重要な場所だったわけですよ。原宿と渋谷を結ぶね。公園通り側とかもあるけど、キャットストリートをずっと歩いてくると明治通りに出て渋谷に着くという意味では最終地点が元の宮下公園だから、あそこは重要な意味があった。だからあそこを守るんだみたいなのは当時は意味があったんだけど、反対運動をもたもたやってる間にヒカリエができて、人々は以前ほど明治通りを歩かなくなっちゃったんだよね。時勢を読み誤ったというか、あそこの重要性が消費者にとってどうでもよくなってきたところに一番いい回答を出したのがミヤシタパーク。もともとあの脇の通りって歩けなかったのに、暗渠の上を歩けるようにした。これは本当に素晴らしい。やっぱりストリートだ、再びここを歩くようにしたらいいと。結果、明治通りからキャットストリートのほうを人が歩くようになった。そういう意味で言うと、ここ近年で唯一モール的、モールで得た知見でストリートというコンセプトを貫いて街をよくした事例として、渋谷では唯一、ミヤシタパークはよくやったと思ってる。だけどほかのところはうまくいっていない。

東　ミヤシタパークってどうしてあんなに批判されてるの？

大山　批判されていることになっている、と言ったほうが正しいかな。

東　神宮外苑問題が出てきた時に、またぞろ批判が出てきた。ミヤシタパークみたいになってもいいのかみたいな。

大山　そうそう。

東　ある年代以上の左翼系の人とかだと、みんなミヤシタパーク、イコール「悪」みたいになってるんだけど、どうもわからないんだよね。そもそも守るべき古き良き宮下公園なんてあったのかと。

大山　あれは端的にホームレスがいっぱいいて、彼らの居場所を奪うから。

東　ホームレスもいたけど、とにかく大変荒れた場所だった。渋谷をある程度知っていたら自明のことですよね。

大山　暗かったしね。

モールの公共性が問われ始めている

東　ショッピングモール化というか、ショッピングモーライゼーションというのは着々と進行してて、実際、渋谷はもうショッピングモールシティになっちゃった。十年前と状況が多少違ってるとしたら、ショッピングモールというのは昔は郊外のものだったけど、それが今は東京の中にすごく入ってきた。

大山　そうですね。麻布台のところもそうだし、高輪ゲートウェイもそうなるんでしょう。

東　全部ショッピングモールになる。そういうところから考えなきゃいけない。

大山　東京駅日本橋口前にできるトーチタワーが面白いのはそのビルの低層階部外周にデッキをつけて螺旋状の散歩道にしていること。あれはモールの名残だと僕は思っているんだけど、ああいうの多いよね、今。

東　いずれにせよ、ショッピングモールについて語っている我々も年を取ってきたわけだけど、そういう客の老化にショッピングモールがどう対応していくのかっていうのが、これから新しいテーマになるんじゃないか。ショッピングモールっていうのが話題になるようになったのって、二十一世紀に入ってからでしょう。

大山　それは明らかにそうです。

東　昔はモールはあくまで若い世代のもので、郊外にあってというだけの存在だったのが、今は都市の中にも入ってきたし、客層も上がってきて、真の意味で公共性を問われ始めている。ショッピングモールってやっぱり幻想でしょう。幻想について考えるっていうことってすごく難しいことだと思うんですよ。すごく大きな役割を果たしてるのに放置されてるって、そういうことだと思うんです。最初の話に戻ると、ラゾーナでぼーっと立って、ごろごろしてる人たちを見て、これの意味について語ることってとてつもなく難しいってあらためて思ったんですよね。ふつうに考えれば、みんながのんびりしてるだけで、よかったねみたいな話にしかならない。でもこういう空間があるっていうことがいかに社会にとって大切かっていうことで。

大山　都市の中にくつろげる場所をいかに作るかって都市計画とか街づくりについて考える時に最初に出てくることだよね。昔からずっと言われていることなのに都市の中でそれが実現されることが、少なくとも日本とか東京ではなかなかない。

東　そうなんですよ。ミヤシタパーク問題も結局はそこでしょう。旧宮下公園の時は誰がくつろいでたのかという話をしないとダメですよね。東京の人間として思うけど、くつろぐために公園に行くっていう発想はそもそもあまりないですよね。ショッピングモールがその代わりをしている。あるいは日本では歴史的に、百貨店がそういうものとして、駅のターミナルに付属してる百貨店は休日に家族が行ってくつろぐところとして発達してきたのかもしれない。だからくつろぐ場所をどういうふうに作るかということに関して、ヨーロッパの昔の小さい都市をイメージして、広場や公園をモデルに設計するのはむしろ現実を見てなくて、商業施設をいかに変化させるかのほうが答えだったんじゃないか。今はもうショッピングモールという形でしか東京はくつろげる空間を作ることができてない。

大山　百貨店に行くと、苦労してるなと思うことが二つあって。百貨店ってくつろぐ時間を提供するということが飲食以外の場所では設計思想に入っていないように見える。今の我々が想像するラゾーナ的なくつろぎ方ができる空間もないから、それこそエスカレーターの周りにソファーを置いたり、椅子置いたりしてるでしょう。でもあそこって一日中そこにいるおっさんのたまり場になっちゃって、くつろげやしないんだよね。あれはもうちょっとちゃんとして、いろんな人がくつろぐ場にするべきだみたいな意見と、現状を見てるとよくないからいっそなくしたらいいんじゃないかって意見と、たぶん両方あるはずなんですよ。なんとなくくつろぐ場所を構造としてあらかじめ織り込んでるのは、おっしゃる通りやっぱりモールしかなくて、モールでようやく得たそういう知見が今公園に還元されてきている。その一つがミヤシタパークであり南池袋なんですね。そもそも日本の公園だと、僕らが子どものころ芝生には入ってはいけませんってなってたじゃない。僕、今芝生の歴史を調べてて、すごく面白いんだけど、芝生の品種もメンテナンス技術も進化して、入っても大丈夫なようになったんですよ。おそらくそれはJリーグ発足と関係がある。つまり、サッカーコートが増えて、芝生の需要が高まった結果じゃないかな。まあ、それはさておき。日本人はくつろぎ方を知らない。くつろぎのってけっこうリテラシーが必要で、どうやってくつろいでいいかわからないところに、モールを経由してみんな気がついたわけですよ。スタバがあったらくつろげるみたいな。コーヒー持ってると芝生に一時間くらいいられる。南池袋公園もラゾーナもミヤシタパークも、みんな何をやってるかといったら、ラテ片手にスマホ見てるだけなんだよね。この二つのグッズは非常に大事で。くつろぐにはこういうものがいる。くつろぐというのは本能的なものじゃなくてね。それはたぶんモールでわかったことなんだよね。それで今、公園には必ずカフェがある。

東　なるほど。あの手の再開発に対して、日本のインテリはすごく反発するんだけど、本質は日本的なくつろぎ方自体に対する反発なのかもしれないね。ヨーロッパ人のようにくつろげ、広場とか公園でくつろげと。でも、それは生活様式の押し付けでしかない。日本人は買い物したりとか、近くに店とかがないとくつろげない。もしそうだとしたら、きっとそれは江戸期まで遡るような日本の都市文化みたいなことと関係してる。江戸って外食文化だったじゃない。長屋は基本的にキッチンがなくて、みんな常に外食していた。けっこう面白いカルチャーだよね。家にキッチンも風呂場もなくて寝室が並んでるだけ。家の機能は都市空間の中にむしろ染み出していて、都市の中で風呂に入ったり飯を食ったりしていた。そういうところとヨーロッパとは、プライベートとパブリックの感覚もまったく違うし、何をもってくつろぐかってことも違うと思うんだよね。

大山　おそらくヨーロッパの場合は、特にヨーロッパの北のほうは日光を浴びることが彼らの生活の中で非常に重要なので、くつろぐっていうことが、独立した一行為としてもともとあったんじゃないかな。だけど日本の場合はそうじゃないってことだよね。何か別の行為とセット。

東　日本は日光浴してると日焼けするしね。そもそもヨーロッパってあんまり虫いないし芝生も濡れてない。日本は芝生は濡れてるし虫は来るしおまけに暑い。どうやって公園でくつろぐんだみたいな。その点では、日本的な身体感覚や気候とショッピングモールはけっこう合っていて、だから拡大してるってことなんでしょう。アメリカ的なショッピングモールが日本に入ってきて、だんだん日本的に変化してきて、日本的なくつろぎ空間として最適化されてきている。その点では東アジアも大事だね。アジア圏における都市のかたちとも関係しそうだよね。ヨーロッパの都市は古い歴史的な街があって、その外側に高層ビルが建ってるんだけど、コアな部分っていうのは全然変わらないで保存されてる。でもアジアって容赦なくどこも変わっていくじゃない。日本だけじゃなくて中国もそうだし、おそらくインドネシアとかタイとかもそうだろうなと思う。そういう時に新しい人々が集まる場所としてショッピングモールの価値が再発見されてるっていう感じなんでしょう。

大山　アジアにおける都市計画というか街づくりは、イコールモールを作ることだということなんだと思う。それを批判する人も多いけど。

東　日本でもときどきあるけど、伝統的な街の風景自体をショッピングモールの中に再現したり取り込んだりしますね。昔『思想地図β』に書いたことがあるけど、シンガポールのヴィヴォシティにフードリパブリックというフードコートがあって、そこに行けばローカルフードが全部食べられる。それまで観光客として一所懸命屋台で食べていたんだけど、それは一体何だったのかみたいな。

大山　実は屋台のほうが観光客向けだったということはあるよね。屋台がリアルだと思っていたら違って、地元の人もフードコートで食べてる。

東　そうそう。屋台こそリアルで、フードコートは商業化された偽物であってと言われるけど、屋台は本当にリアルなのか。この間、博多に行った時、屋台を見たけど、それも食べてるのは外国人観光客ばかりだった。コロナ明けだったたから特にそうかもしれないけど、みんなスマホで撮影しながら歩いてて。他方地元の人は近くのキャナルシティにいる。

大山　かつてのリアルな意味で屋台の機能を継承しているのはモールのほうだと思います。

東　現実自体が作られた嘘の現実なんだよね。

大山　そういう意味でも本当にモールをちゃんと見て、目をそらさないでほしい、というか、頭の中で予断をもってモールを見ずに、本当にショッピングモールから考えてほしいよね。

東　そうだね。大衆社会について考えるってのはそういうことじゃない。やっぱり日本はそういう点で、建築の人だけじゃなく、社会学の人とか、そういう人たちを含めて大衆社会について語ってるようでいて、実は語ってないんだよね。

バックヤードはユートピアだ
お忙しいところ今日は弊社まで来てくれてありがとうございました。
2022年10月日本橋髙島屋にて打ち合わせ
座二郎

すいません、帰りはうちのバックヤード経由になっちゃうんですけど。
海老名熱実
キュレーター
いいじゃないバックヤード。
大山顕
監修
おお、
座二郎
立体作品・内装
やっぱいいですね。
この床の木製タイル、壁のタイル、こういうのがボロボロなのがいいんですよね。
この黄色と黒のテープ天井から下がっているのなんなんですかね。
スプリンクラー
30cm
45cm
荷物
スプリンクラーの散水の邪魔にならないよう厳しく管理しているとのことだった

たくさんあるこのカゴ台車とかって展示に使えないですかね。

流石にキュレーターとしては難色示すかな？

面白いかも！

本気で言ってます？展示に使うには説明がないと見に来た人はわけわかんないと思いますよ。

いや、今回モールっていうユートピアを支えるのはバックヤードだっていう話があるからバッチリかもしれない。

こういう露出してる配管とかさ、展示に使うとトンチがきいてる感じになるんじゃない？

この人たち本気で言ってんのかな？

今度弊社のバックヤード見学に行きましょうか。

後日玉川髙島屋S・C
バックヤード見学へ

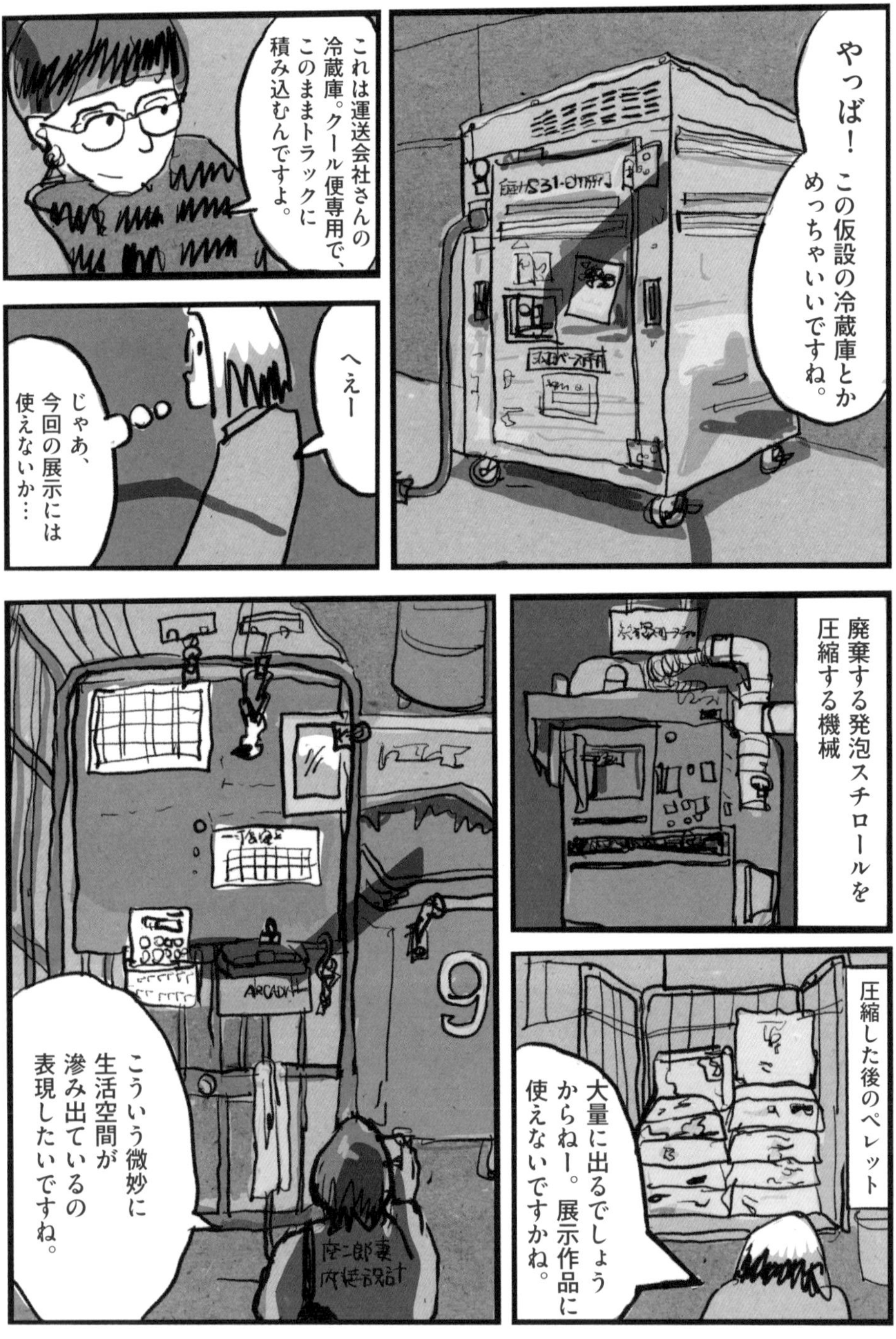

やっぱ！　この仮設の冷蔵庫とかめっちゃいいですね。
これは運送会社さんの冷蔵庫。クール便専用で、このままトラックに積み込むんですよ。
へぇー
じゃあ、今回の展示には使えないか…
廃棄する発泡スチロールを圧縮する機械
圧縮した後のペレット
大量に出るでしょうからねー。展示作品に使えないですかね。
こういう微妙に生活空間が滲み出ているの表現したいですね。

展示空間にこう、台車がたくさん大量に並んでいて間を抜けていくと…
勝手な妄想に入る座二郎
展示会場のメンテナンス扉を開けると
高島屋のバックヤード階段につながっていて
この手すり…村野？

売り場と人が暮らす
バックヤードが
混ざり合う都市
となると
いいんだけど…
SHOP
fin

WE ARE TELLURIANS
われわれは地球人だ
1
55
高橋聖一
Takahashi Saiichi
ACTION COM

第1話
ショッピングモールパンゲア
オープン記念セール！
ショッピングモールパンゲア
みんなを幸せに♥
天ぷら「地」
オムライスランド
おそば
何食べよっか？
カレー！
昨日食べた
20:12
オープン記念
じゃあ麻婆豆腐！
おととい食べた
STARS
じゃあペペチー！
それさきおととい
よく覚えてるわね感心するわ

全国うまいもの大会
3階 太陽の広場
クリスマス抽選会
2階 月の広場
じゃあ 餃子 牛タン レバニラ
火乃子《ひのこ》のチョイスには若さがないんだよなぁ
なによー
武蔵堂書店 BOOK STO
クリスマスセール
夜8時 心も体も冷え切った私達を温めてくれる料理
そういうのを選ぼうよ
う〜ん それじゃあ やっぱり あそこ?
あそこだねぇ
royal
麺春楼
ラーメン
Yummy
ul taste
あ―― 腹減った!

メニュー
醤油ラーメン 600円
塩ラーメン 600円
味噌ラーメン 750円
もやしラーメン 750円
タンメン 800円
チャーシューメン 850円
味噌チャーシューメン 900円
メン大盛 120円増
ライス 250円
ビール 650円
メンマ 100円
鍋どこだっけ?
その下の棚
私 チャーシュー切るから
おねがーい
麺はどこだ〜?
チャーシューちゃんと温めてから乗せてよ!
スープが冷めるから!
はいはい
おネギにメンマ♪
のりもやし〜♪

モヤシはやめて！
なんでよ！
しゃきしゃきしておいしいのに！
クワッ
ラーメンにしゃきしゃきは求めていないから！
麺茹で上がるよー！
スープできてる!?
そこからはアタシに任せて
スパー
それカッコいいと思ってやってるの？
それとも面白いと思ってやってるの？
弓《キュー》！そういうこと言わないの！

完成！
ほれぼれするできだねぇ
ス～ッ
ふむ 火乃子の湯切りが効いている
もう やめて
さ 伸びないうちに食べましょう
飲み物持ってくるね
アタシ コーラ
それじゃあ
いただきまーーす！

おいしい！
弓《キュー》のチャーシュー1枚多くない？
今度は自分で盛りつけな
火乃子にはモヤシ多めに入れといたから
はぁ〜!?
ソーセージ入れたのも未々美《みみみ》でしょ
うさ子ソーセージ

修学旅行の夜って感じだよね
いえ
銀河鉄道の夜って感じ
本
武蔵堂
ショッピングモール パンゲア
機械の体が欲しいのか？
DOREMI
ドレミ電機
本
武蔵堂書店
NEON CINEMA
は？
どういう意味？

しーらない!
腰ヶ谷駅
GAME
サウンドミュージック
Baby Kids
太陽家具
DOREMI
ドレミ電機

本
NEON CINEMA
第1話
宇宙一のプレゼント

4
展覧会　モールの想像力
ショッピングモールはユートピアだ

展覧会
『モールの想像力　ショッピングモールはユートピアだ』

解説

大山　顕（展覧会監修者）

本書は、高島屋史料館ＴＯＫＹＯで二〇二三年三月四日から八月二十七日まで行われた同名の展覧会『モールの想像力』展を元にしている。ただし、座談会と対談、座二郎さんのマンガは書き下ろしで、サブタイトルの「ショッピングモールはユートピアか」は、展覧会では「ショッピングモールはユートピアだ」だった。書籍化するにあたって「だ」を「か」に変更したのは、モールを無批判に称揚する内容ではないことを強調するためである。

モールに関わりがある映画、マンガ、小説、絵画、写真など作品を三十あまりをとりあげ、それらにおける描かれ方を通じてモールについて考え、同時にモールを通してそれら作品をレビューする文章が展覧会のメインだった。本書では第一章がそれにあたる。ぼくは写真家であって、モールの専門家ではない。したがって、ここで展開した内容はモールの批評ではない。モールは生活のインフラであると同時にさまざまな想像力の源泉になっていることを紹介し、モールを通じてさまざまなことが考え得ることを示

したかった。

この展覧会にはさらに元ネタがある。二〇一六年に出版された『ショッピングモールから考える ユートピア・バックヤード・未来都市』がそれだ。ぼくと東浩紀さんの共著の本である。タイトルにある「から考える」というスタンスを展覧会でも引き継いでいる。この展覧会はいわばこの『ショッピングモールから考える』の別バージョンとでも言うべきものである。このこと関して、監修者あいさつとして展覧会の冒頭に以下の文章を置いた。


〝本展は、哲学者の東浩紀と共に二〇一四年から「ゲンロンカフェ」でシリーズ開催したトークイベント『ショッピングモールから考える』と、その書籍『ショッピングモールから考える ユートピア・バックヤード・未来都市』（幻冬舎新書、二〇一六年）を元にしている。したがってここで述べられていることには、東浩紀および同イベントにゲスト登壇したランドスケープアーキテクトの石川初、建築家の三井祐介の知見とアイディアが盛り込まれている。もはやどこまでが自分の思いつきなのか分からない。もとより「想像力」は自分ひとりのものではないのだ、と言っておこう。この場を借りてあらためてみなさんに感謝を。ありがとう。

「なるほど」「おもしろい」と思ったら、それは彼らの功績でもある。一方で、論の不備や事実誤認があったとすれば、それはすべてぼくの責任だ。

それ以外の、本展で直接述べられていないアイディアに関しては、みなさんの「想像力」のたまものである。〟


この文章は、実際の展示では【写真01】のように掲示された。ホワイトボードに手書きされているのがそれである。右のクリップでぶら下げられたパウチは、高島屋史料館ＴＯＫＹＯ館長のごあいさつと、展示に当たってご協力いただいた関係者・組織の一覧。いちばん左にあるクリップボードにはぼくのプロフィールが記されている。

なぜこのような体裁にしたのか、すでに本書をここまで読んだみなさんにはピンと来るので

01

02

はないか。これらはバックヤードの演出である。

バックヤード写真家による演出

会場の一部をバックヤードに仕立てるというアイディアは展覧会企画の早い段階から浮かんでいた。展示演出と展示内容を結びつけたかったのだ。本書第一章第四節「バックヤードに窓をあける」は、展示会場では【写真02】のようになっていた。展示設計にあたってデザイナーの天本みのりさんと座二郎さんと共に日本橋髙島屋S.C.のバックヤードを取材し、これらのカゴ台車もそこから拝借してきた。左下のモニターには玉川髙島屋S・Cのバックヤードをめぐり撮影したタイムラプス動画がループしている。座二郎さんによるマンガ『バックヤードはユートピアだ』はそのときのようすを描いている。カゴ台車におかれたほかの物品は、実際に展示準備のために使われた道具や、本展の前の会期で開催された『百貨店展』の撤収時に出た廃材などである。カゴ台車を借りるために提出した申請書もあったりする。

さきほどのパウチやクリップボードをはじめ、【写真03】にある事務机とスツール、古いパソコンや時計、文房具、張り紙などは、すべてバックヤード取材時に目にしたものの再現だ。【写真01】の壁面の腰から下の部分も、バックヤードのいたるところにあった、台車移動時の擦れや当たりから壁面を保護するために貼られたベニヤ板の再現である。さすがに実物を借りることができなかったため、実際の養生板を写真に撮ってボードに貼っている。このように、あまりに演出を徹底したため、多くの来場者がめんくらったようだ。入口から入ってすぐにこれらが見えるため、ときには「準備中ですか?」と訊ねるお客さんもいらっしゃった。最初は「どうしてこんな風になっているのだろう?」といぶかしく思いながら展示を見ていくと、最後にバックヤードの話になり、この展示デザインに合点がいくという仕組みである。このバックヤード再現エリア以外の展示はピンクを基調としたポップな仕上がりにした。パネルの小口をピンクにするというアイディアをはじめ、グラフィックのデザインはUMA/design farmの岸木麻理子さん

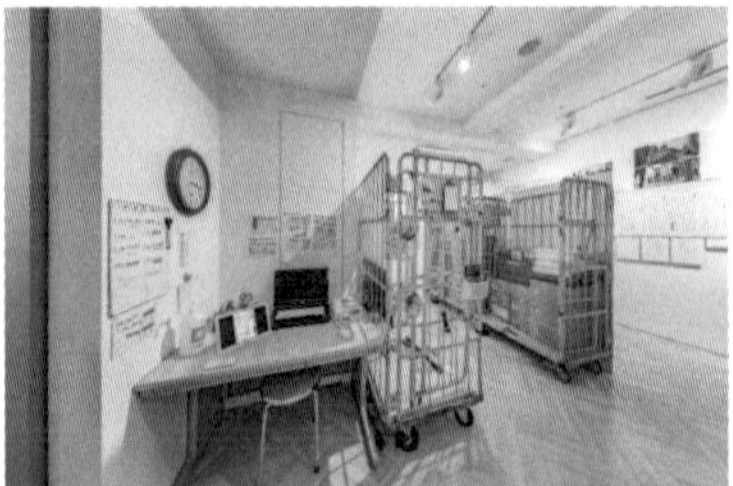

03

04

05

06

07

によるもの。これによって、ユートピアとそれを支えるバックヤードの対比が強調されている。

　バックヤード取材とこれらのデザイン作業はとても楽しいものだった。本書の東浩紀さんとの対談でも語ったが、何を見せるべき／見るべきものではないものとするかは、さじ加減ひとつだ。ユートピアとバックヤードの間に引かれる線はいつでも変わりうるとぼくは考えている。思えば写真家としてのぼくが撮り続けてきた工場や高速道路の高架、団地、電柱・電線など土木・インフラ構造物は、すべて都市のバックヤードである。二〇〇〇年代後半になるまで、これらの風景は見せるべき／見るべきものではないとされていた。しかし現在、特に工場やダムなどは観光の対象になっている。ぼくはいわば線を引き直す写真家なのかもしれない。そういう意味では、今回の展示演出はぼくの仕事と結びついている。

展示動線というストリート

　本書の第一章のテキストは、デザインも含めて展示そのままだ【写真04〜07】。写真でわかるように、髙島屋史料館TOKYOは小さな展示室で、ここに三万字超のテキストを掲示することは、一般的な展示セオリーに反している。長時間立ったまま文章を読ませることはあまり好ましくないとされている。しかし、キュレーターの海老名熱実さん（髙島屋史料館TOKYO副館長）からは、とにかくたくさん書いてほしいとの要望があった。経験から、ここでの展示は情報量が多い方が満足度が高いことが分かっているというのだ。それを真に受けての執筆の結果がこれだ。本を作るつもりで書いたので、本書が完成したことは感慨深い。会期中は一回の来館では読み切れず、何回か通うお客さんもいらっしゃった。百貨店内にあり観覧無料の展示室ならではの展示手法である。

　このテキストが載っている、カクカクとした形は、第一節の中盤で触れられているカリフォルニアのモール「グレンデール・ガレリア」のストリートのフロア平面の形を元にしている。モールは一本のストリートでできている、という主張に沿ったデザインだ。人間の言語の根源

08

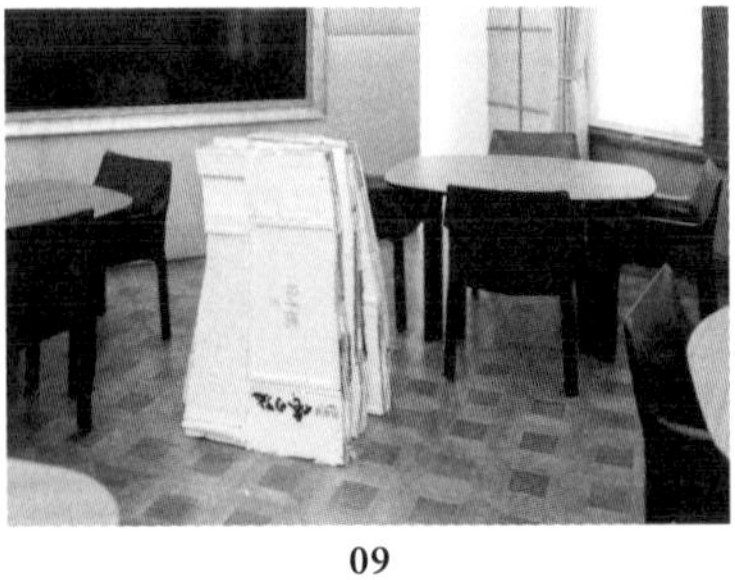

09

的な特徴に線状性（リニアリティ）がある。書かれた文章も声も一次元で連なっている。それは人間の歩行に似ている。大量のテキストを読み進めることはストリートを歩くこと、というわけだ。

　このテキストのストリートは、第三節の終わりで床に降りて、中央の立体作品につながっている【写真08】。座二郎作のこの『トロ箱のユートピア』もまたストリートだ。この造形は、幕張のイオンモールのフロアの形状を元にしている。この立ち上がったストリートは天井にまで達しているが、実はこれには続きがある。展示室がある四階のひとつ上のフロア、五階に行くと床から『トロ箱のユートピア』の先端が飛び出している【写真09】。これは第一章第一節で論じた「百貨店はフロア、モールはストリート」への応答である。日本を代表する老舗百貨店のフロアを、モールのストリートが貫いているわけだ。

　テキストのストリートの始端にも仕掛けがある。文章の最初、第一章の始まりの部分は奇妙に湾曲していて、そこの床には「玉川髙島屋S・

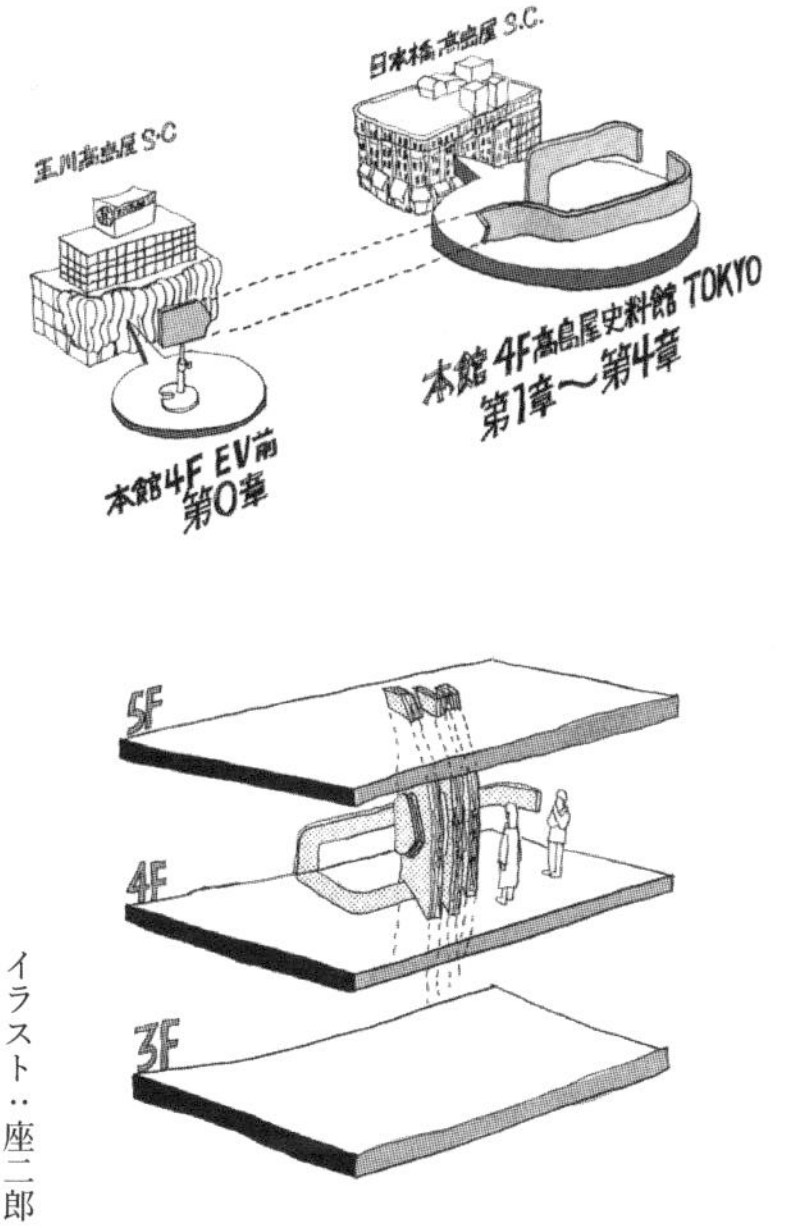

イラスト：座二郎

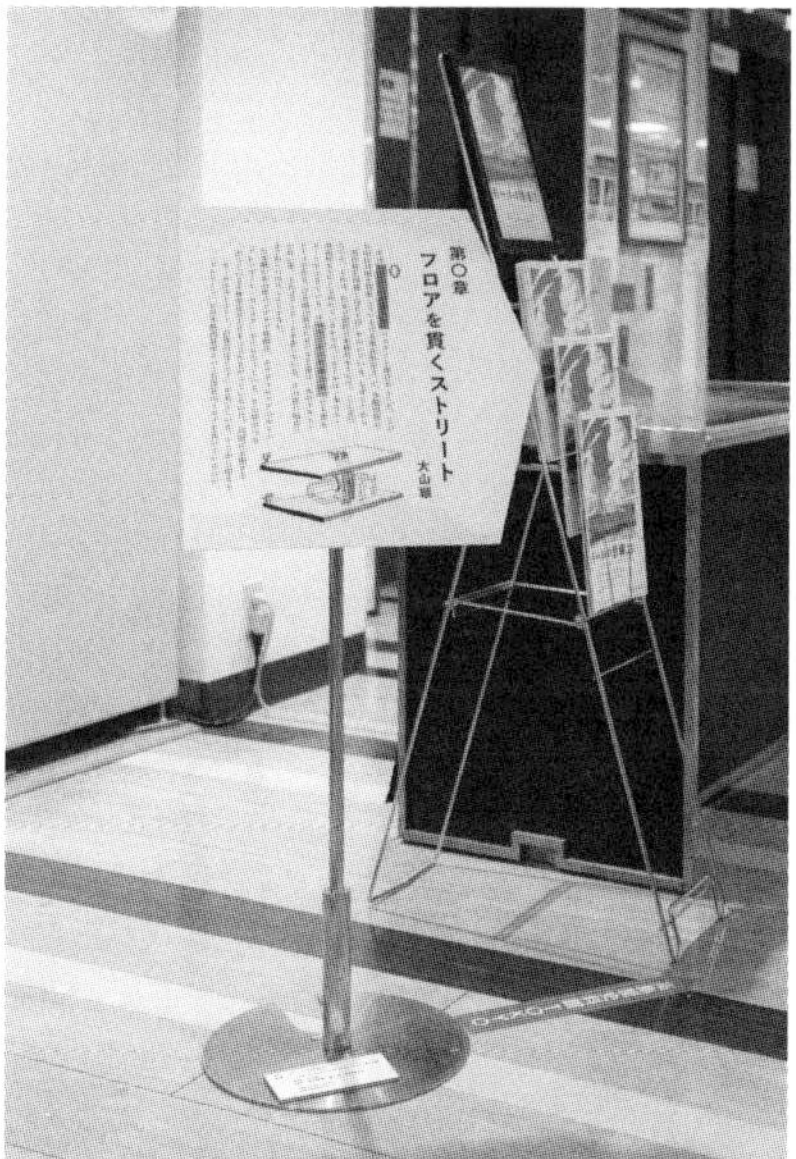

11

10

C」と書かれた矢印がある【写真10】。湾曲して壁に刺さったテキストのストリートの向きが二子玉川の方角であることを示している。日本で最初の本格的なショッピングモールと言われる玉川髙島屋S・Cの四階フロアを訪れると、そこに「第0章」のテキストが展示されている【写真11およびイラスト】。つまり『トロ箱のユートピア』によって五階まで続く本展のストリートの始まりは、それにふさわしく玉川髙島屋S・Cにあるというわけだ。

　展覧会のテキストには、引用作品との対応を示す番号がピンク色で記されていた【写真04～07】。玉川髙島屋S・Cにある「第0章」のテキスト「実は『モールの想像力展』のスタート地点はここだ」が記載された「モールの想像力展」の部分にもピンク色の「0」番の番号をふった【写真11】。その対応先はどこか。本展示場出入口の扉上に、他作品と同様のフォーマットで「0」番のパネルがある【写真12】。この展覧会場全体を参照先として示したわけだ。したがって、日本橋の展示場を訪れ、テキストの始まり部分の矢印に気がついて二子玉川へ行き、そこに記された参照番号にピンと来てふたたび日本橋に戻り「0」番を探すという鑑賞プロセスが、ぼくの期待したものになる。当然ほとんどの人は気がつかない。本原稿執筆現在で聞いたところでは、来場者の中にひとりだけ日本橋と二子玉川を往復してくれた方がいらっしゃったという。

反転したユートピアとバックヤード

『トロ箱のユートピア』は、三枚の板で構成されている【写真08】。これはイオンモール幕張新都心の一階から三階までのストリート空間を物体化したもの。いわばモールを「型」にして、内部に石膏を流し込んで取りだしたイメージだ。第一章第三節で展開した「モールは内と外が反転したユートピアである」という主張を、空間と物体を反転することで表現している。制作者である座二郎さんとの制作打ち合わせでは赤瀬川原平の『宇宙の罐詰』がキーワードになった。

　この作品にはさらにもうひとつの「反転」がある。材料が生鮮食品を運搬する際に使われる発泡スチロール箱の廃材なのだ【写真13】。もと

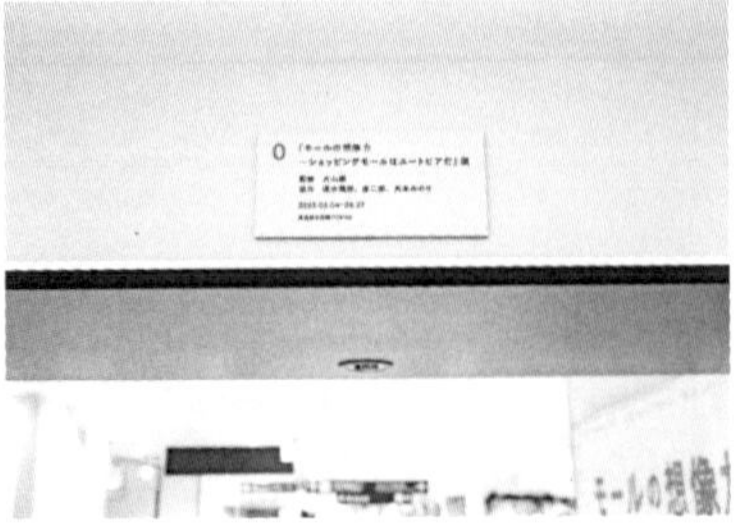
12

もとトロール漁で収穫した魚を入れる箱から転じて海産物を入れる箱の名称になったのがタイトルにある「トロ箱」である。これもまたバックヤードから頂戴してきた。つまり、バックヤードで廃棄され売場では目にすることのないものを観賞されるべき作品へと反転させたわけだ。

　映像投射している壁面の下に並べられているのは、モールでよく見かける植物たちだ【写真06、13】。第一章第三節の終わりで「モール性気候」と擬木の関係について論じた。実は、この並べられたグリーンの中に二つだけ擬木が混じっている。このことに気がついた来場者もほとんどいなかった。

　擬木とは、いわば生の植物からバックヤード性をはぎ取ろうとするものだ。商業施設内でお客さんがグリーンに期待することはもっぱら視覚的なものである。「グリーン」という言い方にそれが表れている。水やりや栄養剤の補給、虫の駆除、定期的に光に当てるなどといった世話はコストであり、お客さんに積極的に見せるべきものではない。これは、生きているということはバックヤードを必要とする、ということだ。見た目だけが問題なのであれば、そっくりの擬木にすることでそのバックヤードをなくすことができる。

　ところが、多くのモールでは生の植物にこだわっている。これにはいくつかの理由がある。ひとつは本物とまったく見分けがつかないほどのクオリティの擬木は高価であること。もうひとつは、擬木であっても完全なメンテナンスフリーにはならないためだ。たとえば、放っておけば葉に埃が積もり、結局それらを掃除する手間が発生する。であれば生の木にして世話してもコストはそう変わらない。そして、植物の世話はそれほど見られてはならない行為ではないという認識が施設側にもお客さん側にもある点が大きい。ぼくはこのことは「表舞台とバックヤードの間に引く線のあやふやさ」を示していると思う。グリーンは境界線の上に植わっている。

13

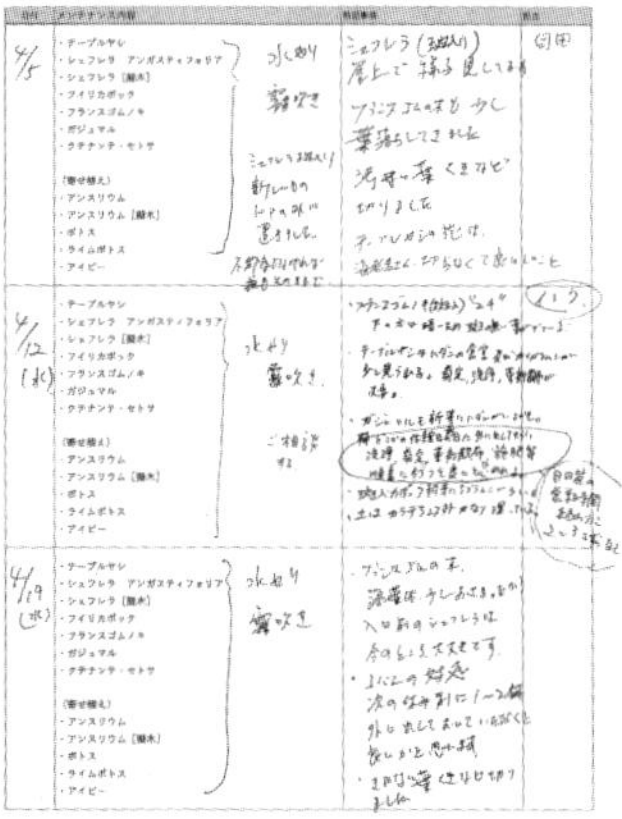

14

記録：ダイワグリーン

展示では、カゴ台車のひとつに植栽のメンテナンス日誌をぶら下げた。これはこれらグリーンを実際にお世話してくださったダイワグリーンさんによって記録されたリアルなもの【写真14】。「ユートピア」を構成する植栽もまた、バックヤードに支えられていること、そして擬木にもメンテナンスが必要なのだということもわかる。

二〇二三年三月、ふたつのバックヤード

第一章第四節では、都市全体をユートピアと見たとき、その周縁に都市を成立させるためのバックヤードが存在する、と述べた。そこで例に挙げたのは福島のこと。東京の電力を支えるバックヤードのひとつが二〇〇km以上離れた地に置かれていることを、二〇一一年にぼくらはあらためて実感した。電力だけでなく、水源も石油もガスも、インフラは中心から遠く離れた場所から調達されている。それらとの間に線を引き、見えなくすること。それが理想の街の作り方である、と。

　本文では述べなかったが、都市中心から見えなくなっているバックヤードのもうひとつの例は軍事だ。本文で紹介したアニメ『メガゾーン23』でも、市民から完全に隠されていたのは軍事力だった。首都圏を見ると、自衛隊や米軍の基地は国道一六号線沿いに集中している。ここがユートピアのエッジというわけだ。同時にこの道沿いにはモールが多い。内部にバックヤードを抱えた理想の街であるモールは、それ自体が都市市民の生活を支えるインフラでもある。バックヤードは入れ子状になっているのだ。

　展示が始まったのは二〇二三年の三月四日だった。一週間後に東日本大震災から一二年目をひかえていた。電力供給というバックヤードについて考えたのはそのためだが、この日は、二〇二二年に始まったロシアによるウクライナ侵攻から一年が経過したタイミングでもあった。個人的にこのことを記念したいと思った。本書でも展示でも、第一章が始まる前に置いたのはぼくが撮ったモールの吹き抜けたちの写真だ。世界中で撮ったもののうちの中で、一番初めに置いたのがウクライナはキーウのモール「GLOBUS」の吹き抜けなのには、そういう理

15

由がある。この写真をよく見るとカフェでお茶をしている人などが写っている。撮影したのは二〇一六年。あのときは、まさかこんなことになるとは思っても見なかった。彼らは今どうしているだろうか。「GLOBUS」は「地球」の意味である。

展覧会というユートピア

先に述べた、出入口のすぐ横の事務机の上にはフォトフレームが置かれ、展覧会を準備するチームメンバーの写真のスライドショーがループしている【写真15】。本文で述べたように、祭とは時間的ユートピアであり、準備と撤収の期間はそのバックヤードにあたる。バックヤードに窓をあける、というテーマを展覧会自体にも適用し、こうして準備の様子を見せた次第だ。本文で『うる星やつら2 ビューティフル・ドリーマー』においては、学園祭の準備期間こそがラムにとってのユートピアであることを指摘した。事実、この展覧会の準備はとても楽しかった。その楽しさにおいて、ぼくには開催期間と準備期間の間に線を引くことはできない。そして、書籍化作業もまた一種の祭であり、できあがった本書自体が一種のユートピアである。ということは、ここでその様子を見せるべきだろう。【写真16】

写真撮影：丸尾隆一（08、09、11）、海老名熱実（16）、他はすべて大山顕

16

『モールの想像力　ショッピングモールはユートピアだ』
開催要項

会期　　2023年3月4日〜8月27日
会場　　髙島屋史料館TOKYO
（東京都中央区日本橋2-4-1　日本橋髙島屋S.C. 4階展示室）
主催　　髙島屋史料館TOKYO
監修　　大山 顕
協力　　速水健朗・座二郎・天本みのり
グラフィックデザイン　原田祐馬・岸木麻理子（UMA/design farm）
担当学芸員　海老名熱実（髙島屋史料館TOKYO）

協力機関
イオンモール株式会社、合同会社EXNOA、株式会社KADOKAWA、株式会社カプコン、合同会社CANTEEN、株式会社江栄、サイダーのように言葉が湧き上がる製作委員会、303BOOKS株式会社、株式会社新潮社、スタジオ心、株式会社セブン&アイ・クリエイトリンク、株式会社ソニー・ピクチャーズ エンタテインメント、ダイワグリーン株式会社、株式会社ツイン、築山緑化建設株式会社、土浦市役所、東神開発株式会社、都市商業研究所、株式会社ドワンゴ、任天堂株式会社、株式会社花清AVENIR、株式会社HANZAKI、株式会社フィールドワークス、株式会社フジテレビジョン、株式会社双葉社、株式会社フライングドッグ、株式会社フラワープロデュース、株式会社プリコグ、株式会社フロンティアワークス、丸子山王日枝神社、MIZUMA ART GALLERY、都城市立図書館、むつ市役所、ユニバーサル ミュージック合同会社

協力者
阿河俊明、東 浩紀、家村早紀、イシグロキョウヘイ、伊藤梨保、岡田利規、小川 武、荻野大輔、長田実穂、小野 啓、近藤 薫、佐々木充彦、下副田隆治、鈴木 久、高橋聖　、對馬一郎、遠山啓一、中村高久、成家慎一郎、猫 シ Corp.、neyagi、半﨑美子、ピオレッティ アレッサンドロ、尾留川宏之、フライングジラフ、前田小藻、松本正義、壬生謙介、村上健一、Mall Boyz、もぐこん、山口 晃、山本和音、若杉優貴

展覧会『モールの想像力　ショッピングモールはユートピアだ』

展示作品一覧

『モールの想像力』展では古今東西さまざまな作品の「想像力」を借りた。展覧会では掲載したが、本書には載せられなかった資料・ビジュアルがたくさんある。以下にそれぞれの作品について解説する。作品によるが、展覧会で掲載利用するためのハードルは高く、許可を得るための手続きにはたいへん苦労した。それを一手に引き受けたのは高島屋史料館TOKYOの副館長・キュレーターの海老名熱実さんだ。作品の権利者・関係者のみなさんにあらためて感謝申し上げるとともに、海老名さんにも感謝を。ありがとう。

『自転しながら公転する』
二〇二〇年／著：山本文緒／新潮社

現代の日本において、女性が置かれた「場所」がどういうものであるか。それを語るために選ばれた「場所」が地方のモール。作中では名前は出てこないが、茨城県にある「あみプレミアム・アウトレット」がモデルだろう。エミール・ゾラが『ボヌール・デ・ダム百貨店』で一九世紀末のデパートを舞台に描いたように、山本文緒はモールで二一世紀の日本を描いたのだ。ミソジニー、格差、少子高齢化と介護の問題。物語は決して明るいものではない。それらが地方のモールを象徴として描かれる。単行本化した際に追補されたという冒頭とエンディングには希望が感じられるが、その舞台は日本ではなく近未来のベトナムだ。つまり、ここでは閉塞し明るい未来を描くことができない日本を地方のモールにかさね、ベトナムに脱出することで希望をつないでいる。間違いなく、後々まで二〇二〇年代の日本を語る際に参照される作品だ。残念なことに山本文緒は二〇二一年に亡くなってしまった。一度お目にかかってお話ししてみたかった。ほんとうに残念。

『ゾンビ』
一九七八年／監督：ジョージ・A・ロメロ／

突如、死体が生きている人びとを襲うという謎の現象が起こり、街はパニックに陥る。主人公四人はヘリコプターで脱出を試みるが、燃料切れとなりモールの屋上に着陸。電気も通っていて、食料や銃、各種日用品が豊富にあるここを拠点にする。モール内に侵入してくるゾンビたちを、犠牲を出しながらもなんとか撃退し、つかのまの平穏を得る。そこに武装した暴走族集団が襲来し、閉め出されていたゾンビもモール内に侵入、絶望的な状況へと陥る……。第一章で「すべては『ゾンビ』から」と銘打っただけある傑作で、本書で主張したことの多くが描かれている。モール映画といえばまっ先に名前が挙がる作品であり、映画史においても重要な一作だ。モール映画としての見所は本文で述べた通りだが、それだけでなく、ジェンダーをテーマにしたものとして見ることもできる。四人の内唯一の女性は、男たちによってバックヤードに留め置かれるのに抵抗する。自分にも銃を持たせろ、ヘリコプターの操縦方法も教えろ、そう要求するのだ。現在もなお批評され、この作品自体が現代を批評する。その強度の理由のひとつは、舞台がモールであるところにある。

『デッドライジング』

二〇〇六年／

「死体が生きている人間を襲う」「襲われた人間もまた同じことをするようになる」というゾンビの設定はたいへん魅力的で、現在に至るまで、映画だけに留まらず多くのゾンビ作品を生み出している。特にゲームでは定番の敵キャラだ。『デッドライジング』はそのひとつ。ロメロ『ゾンビ』の設定そのままに、舞台はモールで、バックヤードにある事務所をセーフゾーンとしてゾンビを倒していく。個人的に、主人公がカメラマンというのが興味深い。フォトジャーナリストとしてわざわざ単身モールに乗り込み、救助がやってくる三日後まで生き延びて真相を突き止める、というのが大まかなストーリーだ。人気シリーズとなりその後「4」まで作られた。いまやゾンビが登場するゲームはごまんとあるが、その多くが、ゾンビウイルスは自然発生などではなく実は政府の／組織の陰謀の結果だった、という筋書きを持っている。『デッドライジング』も同様。コロナ陰謀説は、これらゾンビゲームの影響かもしれない。

『モール★コップ』

二〇〇九年／監督：スティーヴ・カー／

シングルファーザーで母親と娘の三人暮らしをしている冴えない主人公。警察官に憧れ、八回も試験を受けたが不合格。モールの警備員を務めている。ある日、強盗団が人質を取ってモールを占拠。なりゆきから、たったひとりでそれに立ち向かう。孤軍奮闘の結果、人質に取られていた自分の娘と憧れの女性を助け出す。本書にとって興味深いのはラストシーン。功績を知った警察官が主人公に、警察官にならないか、と誘う。しかし主人公はそれを断り「モールの平和を守る」と答えるのだ。モールこそ「街」で、彼はその街の警察官というわけだ。太った主人公がモール内をセグウェイで失踪する姿がこの作品のアイコンになっていて、まるでモールという街の騎馬警官のよう。本書ではラスベガスの街の構造とモールの構造の類似を指摘したが、この作品の続編の舞台はラスベガスだ（『モール・コップ ラスベガスも俺が守る！』）。

『ショッピングモールの歌姫：半崎美子』

北海道の大学在学中に音楽に目覚め、大学を中退し単身上京、パン屋に住み込みで働きながら事務所やレーベルに所属せず、音楽活動を続けた。長い間下積みを重ねた、その活動場所がモールだったという。いわば「ストリートミュージシャン」出身であり、その「ストリート」がモールだったというわけだ。二〇一七年にメジャーデビューを果たし、いまや熱狂的なファンを多く持つ人気シンガーソングライターであるが、現在も全国のモールを巡って歌っている。本書の元になった『モールの想像力』展の会期中に行われたイベントで対談する機会があったが、そこで聞いた「立ち止まるというのは実はとても能動的な行為」というひと言にはっとした。モールでコンサートをやっていると、買い物客に足を止めて聴いてもらうことのたいへんさがよく分かるのだという。本書で論じたストリート性においてはもっぱら「歩くこと」に注目したが、足を止めることとの関係についても考えるべきかもしれない。

『ショッピングモール』山口晃
二〇一五年―／画：山口晃／原画素材：カンヴァスに油彩、水彩、墨／原画サイズ：130×324cm／撮影：木暮伸也
所蔵：桐生市（公益財団法人大川美術館寄託）／©YAMAGUCHI Akira, Courtesy of Mizuma Art Gallery

自身が育った群馬県桐生市を舞台に描いたこの作品。大和絵のスタイルで鳥瞰図的に描かれた画面の中央左に鉄道駅と隣接するモールがある。この絵には興味深い点が二つある。ひとつは、駅前の道路がこの城壁によって寸断され、内部に自動車が入ることができなくなっている点。モールによる歩車分離だ。モールが都市計画に代わり理想的な歩行者空間を提供している、という本書の主張を図解しているようだ。もうひとつは、画面右端は時間を越え、江戸時代のものとおぼしき街並みになっていいて、自動車の姿がないこと。つまり、ここではモールとはモータリゼーション以前の歩行者空間を取り戻すものと言える。これもまた、モールの発祥とその発展をもたらした設計者たちが目論んでいたのは、モータリゼーション以前の街路にあった公共性である、ということを暗示しているように見える。実は『モールの想像力』展で展示するにあたって聞いた話では、山口晃氏は展覧会のサブタイトル「ショッピングモールはユートピアだ」の文言にひっかかるものを感じていたらしい。氏はおそらくぼくほどモールに好意的ではないのだろう。いつかじっくりお話をうかがいたいものだ。

『ポリス・ストーリー／香港国際警察』
一九八五年／監督・主演：ジャッキー・チェン
／©2010 Fortune Star Media Limited. All Rights Reserved.

ジャッキー・チェン扮する主人公は香港警察で国際警察特捜隊員。麻薬シンジケートのボスとその一味を逮捕するが、証拠不十分で釈放。その後、ボスの陰謀により逆に同僚殺しの犯人へと仕立て上げられてしまう。無実をはらすべく一味と対決する、クライマックスシーンの舞台がモールなのだ。吹き抜けの一番上から下まで電飾を引きちぎりながら落下するアクションがハイライト。思えば、中学生のときに見たこの映画が、モールの吹き抜けに興味を持つきっかけだったのかもしれない。ロケ地になったモール「永安広場」にも行ったことがある。本書冒頭の吹き抜け写真ページ最後はその時撮ったものだ。ぼくのようなファンに対する警告か、吹き抜けに面した棚には、ジャッキーの真似をすることを禁止するピクトグラムがあった。この作品には大きく三つのアクションシーンがある。山肌に張り付いたバラック群を破壊しながら自動車が爆走するシーン、走行中の二階建てバスでの格闘シーン、そしてラストのモールの吹き抜けの乱闘シーンだ。前者二つが丘陵地で繰り広げられるのと対照的に最後のシーンだけが街中で行われる。ここではガラスだらけのモールが香港という「都市」の象徴として描かれているのだ。

『インターウォール』
二〇一三年／著：佐々木充彦／パイインターナショナル

実在のモールからストレートにインスピレーションを得て描かれたであろう作品。モデルになっているのは北九州小倉の「リバーウォーク北九州」。どこまでが幻想でどこまでが現実か、自分はほんとうに自分なのか。P・K・ディックの小説を彷彿とさせるストーリーが「川辺町」と「暴街」という二つの街を舞台に展開する。興味深いのは、川辺町は事実上モールとイコールであることだ。モール以外の場所はほとんど登場しない。モールの名前も「リバーサイド・〝シティ〟」と名付けられている。暴街が何年も雨が降り続く「汚れた街」として描写されるのに対し、川辺町は清潔でキラキラしてたくさんの人びとが行き交うモールとして描かれている。ただし、そのリバーサイド・シティも、物語全体を覆う不穏な雰囲気の中にある。なにせ川辺町はずっと夜が続いていて陽が昇らないのだ。安全で清潔で便利。明るく賑やかで文化的な「街」だが、どこか空虚さとうっすらとした不安がある。容易にディストピアへと反転する高度消費社会、その舞台装置としてのモール、という意味ではロメロの『ゾンビ』の後継作品とも言えるだろう。

『生き残った6人によると』
二〇二〇年―／著：山本和音／KADOKAWA ハルタコミックス

成田空港経由で海外から侵入した謎の感染症により住民がゾンビになった千葉県が封鎖され、陸の孤島となったそこで、モールに立てこもって生き延びる方法を探る若者たちの物語。登場人物は若い男女で、ゆえに恋愛模様が繰り広げられる。モールならではの大量の商品に囲まれて、とりあえず水や電気や休息場所の問題が切実ではない状況で展開するのはリアリティショーのような男女関係。一種の災害ユートピアである。ジョージ・A・ロメロ『ゾンビ』の衣鉢を継ぐ、正統派ゾンビ／モール作品だが、同様のシチュエーションにおいて、ロメロの『ゾンビ』で描写されたのが家族とジェンダーの問題であったことと比較するとたいへん興味深い。作中のモノローグに「思うにここでは未来は道で過去は役に立たない／生きるとは『誰と共にいるか』という選択であり／恋愛に限りなく近い」という一節がある。グルーエンやジャーディが目指したコミュニティの現代的な意味が、パンデミックによる危機的状況と掛け合わされることであぶり出されているようだ。

『mallin’ (feat. Tohji, gummyboy)』
二〇一九年／Mall Boyz

「Hood がどこにあるとか／気にしたことがないんだよ／ほっといて欲しいよ今も」ではじまる、タイトル通りモールを舞台にしたヒップホップ。ぼく自身は世代的にモールで青春時代を過ごした人間ではないが、この歌詞にはぐっとくるものがあった。本文でも紹介したが、Mall Boyz のふたりはインタビューで「いわゆるフッドと呼べるものを持たないニュータウン育ちだが、モールを過ごした体験があって、それはけっこう重要なことなのではないか」という趣旨の発言をしている。ヒップホップは独特で、歌い手のフッドが問われる独特のジャンルだ。しかし彼らはそれを持たない。だから「ほっといて欲しいよ」と呟くのだろう。でもモールがある。思えばぼくが団地や工業地域の風景に魅入られたのも似たようなメンタリティだったのかもしれない。いつの時代も、年長世代が見下すような場所をフッドとして発見する人たちがいる。おそらくモールに愛着や郷愁を感じるのは、本質的には新しいことではないのだ。

『フードコートで、また明日。』
二〇二一年／著：成家慎一郎／KADOKAWA コミックス

違う高校に通う、優等生風とギャル風の、一見まったくキャラが違うふたりの女子高生。彼女らが放課後モールのフードコートでおちあってだべる。ひたすらふたりの四方山話が描かれる。フードコート以外の場所はほとんど出てこない。ほんらいここで交わされるような会話は、教室で行われるはずだ。しかしふたりは別の学校に通っている。興味深いのは、同じ学校に通っていない場合、放課後会ってただだらだらと過ごすだけの場所が、モールのフードコート以外ありえない、という事実だ。作中、同じクラスの別の友人と揉めて話をしなくなった、というエピソードがあり、もはや教室は気の抜けない「世間」で、モールが「団欒」の場所であることを感じさせる。フィクションではあるが、モールが若い世代にとって重要な居場所になっていることがよくわかる作品。続編が出ないかな。

『ショッピングモールで過ごせなかった休日』
（『ブロッコリー・レボリューション』収録）
二〇二二年／著：岡田利規／新潮社

日曜日、奇妙な訪問者のせいで外出する気をそがれた主人公。空想の中でモールに出かける思春期の男女の想像を巡らせる。どこまで現実でどこからが空想で、語り手は誰なのかよく分からなくなる、岡田利規らしい短編小説。せっかくの休日を部屋で無為にすごすことになってしまったことを悔やみつつ「ショッピングモールに行きたくて行きたくてたまらない、なんてわけじゃないけど、どこにも行かないよりはずっとまし」と述懐するところに、モールの立ち位置が示されている。主人公も空想中の若いふたりも、買い物を目的とせず、ただなんとなくモールに出かける（つもりだった）という点が興味深い。主人公がほんとうにモールに行く気があったのかどうかはなはだ疑問で、モールは「どこにも行かないよりはずっとまし」程度の目的地として優れている。この「なんとなく性」こそがモールを「街」にしている。結局「過ごせなかった」のに、見事にモールの批評になっている。

『逃走中』
（美女とハンターと野獣・埼玉のイオンレイクタウンにて）
二〇二二年／フジテレビ

フジテレビの人気プログラム。街中や遊園地、テーマパークなどで鬼ごっこをするバラエティ番組だ。さまざまなミッションをこなしながら「ハンター」と呼ばれる鬼役たちからタレントたちが逃げる。つかまらないでいた時間に応じて賞金がもらえるというルールになっている。回によって開催場所が変わるのだが、おもしろいのはしばしばモールが舞台になることだ。鬼ごっこはほんらい街で行うことだが、モールでならそれが可能だ。敵から逃げる、というのは『ゾンビ』以来モールの伝統芸である。そして子供の頃からモールに愛着を持ち「フッド」としてモールをとらえている世代にとって、モールで鬼ごっこをするのは一度はやってみたいことのひとつだろう。もしかしたら実際にやった（そして叱られた）ことがあるのではないか。

『スプラトゥーン2 アロワナモール』
二〇一七年／©2017 Nintendo

任天堂のゲーム機「Wii U」向けの大人気アクションシューティングゲーム。プレイヤーキャラクターの主人公はヒトの姿に変身できる「インクリング」という名前のイカ。イカがスミを吐くように、水鉄砲状の銃でインクを撃ち合い、地面を塗って陣取り合戦をする。対戦ステージには、高架下や倉庫、農園、団地など様々な種類があり、その中のひとつに「アロワナモール」という名のモールがある。本書本文執筆後「スプラトゥーン3」に「タラポートショッピンパーク」というモールをモチーフにした新しいステージが登場した。あきらかに「ららぽーと」のもじりである。フジテレビの『逃走中』と同様、モールで駆けまわって遊ぶ夢をゲームという形で実現したものと言える。

『The Making of 'Therefor I Am' Video Footnotes』
二〇二〇年／ビリーアイリッシュ／Licensed by UNIVERSAL INTERNATIONAL, A UNIVERSAL MUSIC COMPANY

グラミー賞五部門を受賞した実績のある人気シンガーソングライター、ビリー・アイリッシュ。二〇二〇年十一月に発表された『Therefore I Am』はデカルトの言葉「我思う、故に我在り」からとられたと思われるタイトルと、ダークで毒々しい歌詞からうかがえるように、思春期特有の自意識を肥大化させたティーンエイジャー、つまり彼女のファン層に受けそうな内容。そのミュージックビデオのロケ地がモールだ。曲の内容自体はモールと関係がない。インタビューによれば、撮影場所がなかなか決まらず、なかばやけ気味に「モールでいいんじゃない？」という雰囲気で決まったそうだ。しかし、ファン層にとっての「フッド」であるモールを選んだのはある種当然の成り行きと言える。本文で述べたが、それがモールの歴史上重要な「グレンデール・ガレリア」だったというのは素晴らしい。おそらく本人たちはまったく意識していないだろうが。無人のモールで毒のある歌詞を歌いながら好き勝手する、というのはティーンエイジャーがやってみたいことだろう。ミュージックビデオは全編母親のiPhoneで撮影したという逸話も実にファンに受けそうだ。つまり「自分もできそう」と思うだろうということだ。ラストの警備員に怒鳴られる（実際にはマネージャーらしい）シーンも、モールでの狼藉が実際のことであるかのような印象を与える演出だ。

『Palm Mall』
二〇一四年／猫 シ Corp.
https://catsystemcorp.bandcamp.com/album/palm-mall

二〇一〇年代初頭に誕生した音楽ジャンル、ヴェイパーウェイヴ。説明するのが難しい音楽だ。楽器などは使わず、基本的に既存の音素材をコピー・アンド・ペーストすることで作られる。一九八〇~九〇年代のカルチャーをモチーフとすることが多く、グラフィックも当時のチープなCGを思わせるものがよく見られる。このヴェイパーウェイヴのサブジャンルに「モールソフト（Mall Soft）」というものがある。「猫 シ Corp.」の作品『Palm Mall』はその代表作品。モールで流れているBGMや環境音をミックスした作風が特徴で、館内放送の声などが聞こえたりする。モールソフトの制作者とファンたちの多くはおそらくモールをネイティブとする世代だ。ヴェイパーウェイヴの大きな特徴として「郷愁」があるが、興味深いのは、彼らは一九八〇~九〇年代を経験していないという点だ。モールがすでに比較的若い世代にとって郷愁の対象となっている上、その実体を見るとその郷愁はシミュレーションであるというのはたいへん興味深い。

『都城市立図書館』

二〇一八年（リノベーション後）／提供：都城市立図書館（リノベーション前）／提供：都市商業研究所・若杉優貴

『茨城県土浦市役所』

二〇一五年（リノベーション後）／提供：土浦市

『青森県むつ市役所』

二〇〇九年（リノベーション後）／提供：むつ市

ぼくの修士論文は、稼働停止した工場の構造物が壊されずに保存され、別の用途に転用された事例の調査とその意義についてまとめたものだった。要するに工場の居抜きである。工場がそのまま残っている例は日本には少ないが、たとえばドイツのフェルクリンゲンには製鉄所がそのまま公園として残された例があり、世界遺産にも登録されている。シアトルには同じようにガス工場の構造物がそのまま公園になったガス・ワークス・パークがある。思うに、ある建築や構造物が市民共通の「フッド」として広く認められたかどうかは、本来の役目を終えた後も構造物が転用などされ残るかどうかで測れるのではないか。モールにもそういう事例がいくつかある。代表例がこの三つだ。モールの建物がリノベーションされ、図書館、役所として再利用されている。いずれも公的施設であるという点が興味深い。もちろんこれは地元民のモールへの愛着がそうさせたというより、モールの空間が持つ応用拡張性の高さや、立地、駐車場の広さゆえだろう。いずれにせよ、これまで論じてきたのとは違うハード面からのモールの公共性の証明であるように思う。

『レゴ フレンズ／ハートレイクシティのうきうきショッピングモール』

二〇二一年

『リカちゃん リカペイでピッ！ おかいものパーク』

二〇二〇年

いわゆる「おままごと」の対象がモールになっている。この二つの他にもモールを題材にした幼児向けおもちゃがいくつか存在する。おそらく今後どんどん増えていくだろう。ちなみに幼児向けスマホアプリゲームにもモールをモチーフにしたものがある。ここまで主にティーンエイジャーの「フッド」としてのモールと、それが表現された作品を見てきたが、当然より若年層にも対象は広がっているわけだ。ぼくはここ数年頻繁にモールに通うようになったのだが、それは子どもが産まれたからだ。おそらく本書で述べられているようなことは、小さい子どもを持つ親にしてみればわざわざ論ずるまでもない事実だろう。自動車に注意する必要もなく、段差もなく、安心してベビーカーを押すことができる「理想の街路」はモールだ。ままごと遊びの意味には、大人のまねごとを通して認知と行動の学習をするというのがあるが、現代の幼児にとってはその大人がやることの代表のひとつがモールでの買い物というわけだ。現代において、大人と子どもの共通体験空間の最たるものはモールなのではないか、ということをこれらのおもちゃは気付かせる。

『クォンタム・ファミリーズ』
二〇〇九年／著：東浩紀／新潮社

自分たちが今実際に生きている世界だけでなく「あり得た世界」でもちゃんと生きていくこと。東浩紀はずっと一貫してその重要性を説いている人だとぼくは思う。他者と生きること、家族とともに暮らすこと、それは平行世界を同時に生きることなのだろう。氏の著作の多くは「論」だがこの作品は物語である。その分、かなり大胆にその重要性がものされている。ＳＮＳによって相容れない考えを持つ人の存在感が増している現在のぼくらにとっては、特に「ありえたかもしれない過去・現在・未来」について考えることがとても重要だ。二〇〇九年の作品だが、いまこそこの小説を読むべき。ちなみに作中で、二〇二三年二月二十三日は「ネットワークと平行世界の関係が公的に認められた日」となっている。注目すべきは物語中、オリンピックの開会式に合わせて実行される同時多発テロの対象がモールであることだ。イデオロギーや階層、国境を越えて人びとが集まるモールが巧みに設定されている。

『なぞなぞショッピングモールでおかいもの』
二〇二二年／作：ビオレッティ アレッサンドロ／303BOOKS

身の回りにあるものを、なぞなぞ形式で見せていく子ども向け絵本。異星人が乗った宇宙船が不調を起こし、地球に不時着。そこはモールの屋上だ。この出だしはロメロの『ゾンビ』を彷彿とさせる。あちらも、ガス欠のヘリコプターがモールの屋上に不時着した。宇宙船の中から出てきた男の子は、地球人の女の子にモールを案内されて、地球の物品と文化をなぞなぞで教えてもらう。たとえば「かんばんに『マミムネモ』とかいてあるおみせでうっているものはなあに？」など。興味深いのは、ここではモールが地球の典型として位置づけられている点だ。確かに、どこの国であっても、モールに行けば地球人カルチャーの平均値が分かるかもしれない、と気付かされてはっとする。『われわれは地球人だ！』ではモールが宇宙船になって異星人と出会うが、この絵本はその逆バージョンだ。ちなみに前述のなぞなぞの答えは「メガネ」。

『サイダーのように言葉が湧き上がる』
二〇二〇年／監督・脚本・演出：イシグロキョウヘイ／協力：スタジオ心　中村千恵子／©2020 フライングドッグ／サイダーのように言葉が湧き上がる製作委員会

モールが現代の文化的土壌であることがよくわかる、傑作劇場アニメ。モールが街であること。比してその外部にはなにもないこと。若者たちにとってのフッドであること（なんせ屋上に秘密基地があるのだ！）。本書で主張していることのほとんどが、とても巧みに描かれている。展覧会ポスターおよび本書カバーのビジュアルもこの作品の美術背景を使った。モールの周りが一面田んぼだということも、本書で主張した都市と田んぼの対比を思い起こさせる。モールは、その巨大さゆえに土地の履歴に関係せざるを得ない。物語のクライマックスで解き明かされるある出来事は、モールの「ゲニウス・ロキ」に結びつき、世代をつなぐ（ちなみに、イシグロ監督と脚本の佐藤大さんに、このモールが建つ土地の歴史性に関するヒントを提供したのはぼくだ）。シティポップ風の絵柄もあって、本作はただの青春物語だと思われがちだが、それは大間違い。これはモールという街の歴史と、そこに住む人びとの謎解きの物語でもある。モールをこのようにニュートラルに描いたことは、後の様々な作品におけるモール描写に影響を及ぼすだろう。

『サウスデール・センター』外観パースと内観
一九五六年／設計：ビクター・グルーエン

現代のモールの先駆けとなる商業施設。ミネアポリス郊外に一九五六年に開業した。それまでも郊外の大規模施設は存在したが吹き抜けの〝ガーデンコート〟を備え、外部の空気と遮断されたエンクローズド型の構造を持つものはこれが最初である。設計者であるビクター・グルーエン（ちなみに、彼はこれ以前にもいくつもの商業施設を設計している）は、ショッピングモールの生みの親である。彼は、商業施設の設計をするだけでなく、郊外居住者たちが家族以外の人と過ごすための空間について考えた。つまり、その空間、商業と公共の両役割を果たす場所がショッピングモールだった。

『明日の田園都市』
一九〇二年／設計：エベネザー・ハワード
／From Wikimedia Commons

近代における東京の都市計画の思想の源流のひとつであるハワードの田園都市計画。日本でも田園都市線や田園調布といった名称にその名残があり、さまざまに論じられてきた。鹿島出版会から二〇一六年に新訳が出版された。訳者・山形浩生の解説がとても分かりやすい。最初の出版は一九世紀終わりなので当然モールに関する記述はないが、速水健朗『都市と消費とディズニーの夢 ショッピングモーライゼーションの時代』とあわせて読むと、田園都市思想がウォルト・ディズニーを経由して現在のモールにも細くつながっていることが感じられるだろう。

ニューヨーク万国博覧会で展示された
『フューチュラマ』
一九三九〜四〇年／ゼネラルモーターズ

世界初の本格的なモールであるグルーエンの「サウスデール・センター」が登場する十数年前に、その登場を予見するような施設がニューヨーク万国博覧会に登場した。ゼネラルモーターズが企画した展示「フューチュラマ」である。これは当時から二十年後、つまり一九六〇年頃の未来都市の姿を再現するジオラマだ。メインとなる片側七レーンの直線的なハイウェイ構想、その脇に、五階建ての建物がある。屋上に公園があるショッピングモールのような見た目である。建物の周囲では、歩行用の通路と自動車が走る道路が立体交差している。このフューチュラマの製作には、約七百人の職人、アーティストが関わっていた。その中には、まだアメリカに移住して間もない時期のビクター・グルーエンも加わっていた。

『われわれは地球人だ!』
二〇二二年／著：高橋聖一／双葉社　アクションコミックス／©高橋聖一／双葉社

オープン前夜の新しいモール「パンゲア」。それがなぜか宇宙船と化し、三人の女子高生と一緒に地球から離れてしまう。本書に収められた第一話の前半部にモール宇宙船内における彼女たちの日常が描かれている。このあと三人は様々な異星人が住む星々をたずねてまわる。言葉を使うことが規制され感情を失ってしまった星、どうやっても寿命が尽きないことに嫌気が差してなんとかして死のうとする人びとが暮らす星。ちなみに感情を失った異星人たちをモール内のシネコンに連れて行き映画を見せる話がある。その作品が『バック・トゥ・ザ・フューチャー』なのがすばらしい。あの映画で、マーティーが初めてタイムスリップする場所はモールの駐車場なのだから。キュートな絵柄に攪乱されがちだが、本作は奇妙な価値観と文化を持った異星人を通してわれわれ地球人を批評している。いわば「銀河鉄道999」を現代に継ぐ作品で、かつて列車だったものがいまはモールというわけだ。主人公たちは、モール内の店舗と商品を駆使して生き延び、時には異星人を救う。ひとりが言う「パンゲアには地球の英知が詰まっている。これを必要としている星があるんじゃないか?」。

『メガゾーン23』
一九八五年／製作：あいどる／©AIC

モールが登場する作品ではないが、モールの宇宙船性と隠されたバックヤードについて考える際に欠かせないアニメだ。物語の前半は、バブル前夜の、キラキラした八〇年代の原宿・渋谷を舞台に、やんちゃな若者たちの青春模様が繰り広げられる。しかし、主人公が地下に隠された廃墟化した都市をみつけてから様相が一変する。なんと、人びとが暮らしているのは東京の街並みを再現した宇宙船の中だったのだ。時はすでに二五世紀。戦争によって地球が壊滅し、巨大な宇宙船で脱出した人類は、その内部に平和な擬似都市を作った。このことに気付かないように、宇宙船を支配するコンピューターが情報操作していたのだ。そしていま、ふたたび戦争が始まろうとしていた。本文では触れなかったが、本書が論じたテーマ「都市とそれを支える隠されたバックヤード」のひとつは軍事力である。首都圏の地図を見ると、国道一六号線沿いに自衛隊基地や米軍基地が集中している。一六号線は、東京というユートピアとそれを支えるバックヤードとの境界なのだ。『メガゾーン23』はそれを戯画的に描いている。

『ショッピングモール／Flying Giraffe feat. IA』
二〇一三年／音楽：フライングジラフ／イラスト：neyagi／ドワンゴ ニコニコ動画

ニコニコ動画で発表されたボカロ曲。ほかにもモールを歌った曲がいくつかあるが、この作品がもっともピュアにモールを表現しているように感じた。作者はプロのミュージシャンではない。だからこそ、この曲にはぼくらが無意識に抱いているモールへのイメージが投影されているように思う。「黄昏のユートピア」という一節に代表されるように、多幸感に満ちつつどこかアンニュイでもあるものだ。ゆったりとしたワルツの前奏で始まり、軽快な五／八拍子に続く。途中と最後六／八拍子になるという凝ったリズムが、陽気な気分の歌詞によく合っている。

『ユートピア』
一五一六年／著：トマス・モア／From Wikimedia Commons

よく知られているように「ユートピア」の語はトマス・モアの造語で「どこにもない場所」の意。モアは宗教改革の時代の人物。ドイツでルターの宗教改革が始まったのは『ユートピア』発表の翌年で、ルターに影響を与えたエラスムスはモアと親しい友人だった。『ユートピア』の前半はヒスロディという名の人物による架空の旅行記で、当時のイギリスの制度や社会を批判した内容になっている。モアは法律家として大成したが、ヘンリー八世の政策を批判した結果、処刑された。ユートピアでは人は六時間だけ働き、貴族も存在しない。一般の市民が選挙で代表を選ぶ共和制をとり、貨幣も存在しない。空想社会主義（utopian socialism）のはしりである。ただし、奴隷も存在していて、現代のわれわれが考える理想郷とは言いがたい。このようなユートピアが海と川で二重に守られた馬蹄形の島で、もともとは大陸の一部だったものが切り離された、外部から隔絶した構造を持つ、というのが興味深い。

『うる星やつら2　ビューティフル・ドリーマー』
一九八四年／監督・脚本：押井守、原作：高橋留美子

一九八〇年代に大ヒットした高橋留美子による原作の漫画とテレビアニメ『うる星やつら』。その劇場版アニメ第二作目。この作品によって、監督と原作者の確執が起こったという話が業界ではまことしやかに伝えられている（それのあおりを受けてか、展示での図版掲載許可が……）。主人公のあたるとラムたちふくめ街のみんなが、なぜか学園祭の前日を繰り返すタイムループに陥る。当初無頓着だった面々が、次第にその異常さに気付き、様々な手を使って脱出を試みる。ハイライトは、街が切り取られ宇宙空間を漂う巨大な亀の背中に乗っていることが判明するシーンだ。モールが登場する作品ではないが、この宇宙船のような街、外部を持たず内部に街を持つ構造は、まさに本書で主張してきたモールの性格を表すものである。同じ時間をループする、というのも実にユートピア的だ。ユートピア文学に共通する特徴のひとつは「変化・進化しない」である。しかもそのループする一日は学園祭当日ではなく、その準備期間という「バックヤード」なのだ。

『キーウのモール「GLOBUS」の吹き抜け』
二〇一六年／撮影：大山顕

展示および本書の冒頭は、ぼくが撮った世界中のモールの吹き抜けの写真で飾った。なぜ外観ではなく吹き抜けなのか。その顛末については本書第一章第三節に書いた通り。吹き抜けは「内と外が反転したファサード」なのである。数ある吹き抜け写真の中でも、一番最初に置いたのはウクライナはキーウのモール「GLOBUS」の吹き抜けだ。本書も同じ構成にした（一〜八ページ）。このモールがあるのは、ユーロマイダンと呼ばれる、二〇一三年から二〇一四年にかけてのデモの舞台となった広場だ。このデモによって親ロシアのヤヌコーヴィチ大統領が追放された。多くの国で、中心となる広場は宮殿や聖堂、政治的な施設に面している。モスクワの赤の広場しかり。ところがこの独立広場の場合、その横にあるのはモールだ。宮殿ではなくモール。ウクライナが目指しているものを象徴しているようでおもしろい。同時に、ウクライナにあるチョルノービリ原発はソ連の電力をまかなうバックヤードだったのだ、といまさらながら気がつく。展示が始まったのは二〇二三年の三月四日で、二〇二二年に始まったロシアによるウクライナ侵攻から一年が経過したタイミングでもあった。その記念として一番最初に掲げる写真をこれにした次第だ。

『モール』
撮影：小野啓

同じ写真家として嫉妬する作品。二十年前から日本全国の高校生を撮り続けている小野啓は、被写体の彼らがモールを「フッド」としていることに気がつき、本格的に撮るようになったという。いわばこれはポートレイトだ。小野さんの作品を見ると、誰もが強烈な既視感にとらわれるだろう。同時に、それは唯一無二の風景でもある。モールは「無個性」だって？ たしかにそうだろう。だって、人間の顔はどれもよく似ている。藤子・F・不二雄のマンガ『モジャ公』に「ナイナイ星の仇討ち」という短編がある。異星人に命を狙われる主人公。父の仇であるというが全く身に覚えがない。誤解だと言っても聞かない。まさにお前だ、と言われる。何度も殺されかけた末になんとか話を聞いて分かったのは、異星人には地球人の区別が付かない、ということだった。要するに、人は（この場合は異星人だが）馴染みがないものはみな同じに見えるのだ。モールネイティブには馴染みのモールは他のどれとも違って見えるはずだ。しかし確かにどれもよく似ている。優れた写真家はそういう「同じだけれど違う／違うけれど同じ」を見事にとらえるのだな、と思った。

『イオンにみせられて』
二〇一七年／著：もぐこん／講談社

「モーニング 二〇一七年六号」に掲載された、ぼくにとっての衝撃作。登場するのはイオンモール京都桂川。主人公の女性は、買い物ではなく、趣味としてモールを巡りその外観を写真に撮る。まるで小野啓のようだ。トーンを多用せず、ペンで細かく書き込んでいくスタイルの絵柄でモールを描くとこうなるのか、という感動があった。さらに感心したのは、主人公は外観を撮影しながら、同時にモールには外部が存在しないという本書の主張そのままのテーゼを持っている点だ。曰く「『モール』は街そのものだから／その外側を気にすることはない／モールのつくりはテーマパークに似ている／内側は華やかで楽しげだが一歩外側に出るとそっけない感じがする／だから内と外をつなぐ窓がない」と見事にモールの本質を見抜いている。見抜いたうえで外観を撮る。そして最後にこう言うのだ。「モールが／模型の宇宙船みたいに立体的に浮かんでくる」と。名作。シリーズ化を強く希望する。

『ラスベガス・ストリップ』
二〇一七年／撮影：大山顕
ラスベガスの航空写真
二〇二三年／From Google Earth

現在のラスベガスはギャンブルの街から総合エンタテインメントの街へと変わりつつある。存在感があるのは、カジノよりも劇場、そしてモールだ。ジョン・ジャーディはこの街の転換に大きな貢献をしている。ベラージオをはじめ、いくつかのカジノ・ホテルは彼の手によるもので、旧市街の再開発にもたずさわった。実際、置かれているのがスロットマシンか商品かの違いだけで、空間の作りはカジノもモールもほとんど同じだ。そもそも、ラスベガス自体が大きな「モール」に見える。この街を代表する光景はストリップと呼ばれる目抜き通りのものだが、これを上空から眺めると砂漠に走る一本のストリートに見える。日本では考えられないような不毛の地、人間が生きていけない環境の中にぽつんとある街、それがラスベガスの正体である。本書の主張に沿って表現すれば、これはまさに宇宙船なのだ。

『バーブル・ナーマ』の中の挿絵に描かれた四分庭園
一五九〇年頃／©Victoria & Albert Museum, London

前出のラスベガス「ストリップ」がある地域の地名は「パラダイス」という。つまり楽園だ。実際、ラスベガスの発祥は、砂漠の中のオアシスにあるらしい。「パラダイス」はペルシャ語の「パイリダエーザ」からきている。パイリダエーザは壁で囲まれた庭園を指す言葉で四分庭園（チャハルバーグ）と呼ばれる形式で知られる。これは十字に交わる水路によって敷地を四分割したデザインで、エデンの楽園をイメージしたものともいわれる。外部を持たず壁に囲われた内部にユートピアを作る、という形式とこのパイリダエーザはよく似ている。

『観葉植物類とメンテナンス日誌』

展示空間でもっとも目を引くのは、鉢植えの植栽たちであったかもしれない。これはモールでよく見かける植物たちだ。第一章第三節の終わりで「モール性気候」と擬木の関係について論じたが、実は、この並べられたグリーンの中に二つだけ擬木が混じっていた。展示では、カゴ台車のひとつに植栽のメンテナンス日誌をぶら下げた。これはこれらグリーンを実際にお世話してくださったダイワグリーンさんによって記録されたリアルなもの。「ユートピア」を構成する植栽もまた、バックヤードに支えられていること、そして擬木にもメンテナンスが必要なのだということもわかる。

『グランツリー武蔵小杉・折り鶴オブジェ』
二〇一四－二〇一五年／提供：グランツリー武蔵小杉

二〇一四年にオープンした武蔵小杉のモール「グランツリー武蔵小杉」を、オープン直後に訪ねた。吹き抜けにあった高さ八メートルの「擬木」。葉に見える緑の部分は、実は全て折り鶴だ。その数四万羽。折ったのは主に近隣住民。地域とのコミュニケーションの一環として行われた参加型企画だそうだ。その一部は現在も館内に残っているが、大部分は近くの神社でお焚き上げされた。生物であることを超越して、見栄えとメッセージとしてのグリーン。モール性気候に適応した「植物」の究極の姿を見た思いがする。

『玉川髙島屋S・C　バックヤード動画』
二〇一三年撮影／大山顕

モールを通じて、バックヤードについて考えるというのが大きなテーマであった。展示では、実際のバックヤードの映像を流した。玉川髙島屋S・Cにお願いして撮影したものだった。本文で述べたように、バックヤードは「見せてはいけないもの」と思われていて、撮影と公開の許可をもらうのは簡単ではなかった。本書では、展示した当該映像に代わるものとして座二郎作『バックヤードはユートピアだ』（一三九ページ）を描き下ろし掲載している。

『モールの想像力展』のバックヤード
二〇二三年撮影／海老名熱実、座二郎、大山顕

本書第一章第三節で『うる星やつら2 ビューティフル・ドリーマー』を引きつつ、「祭」とは「時間的ユートピア」であり、その準備と撤収は「時間的バックヤード」であると説いた。展覧会もまた一種の「祭」である。『うる星やつら2』でラムは学園祭前夜という「時間的バックヤード」の方こそ、いつまでも続いて欲しいユートピアなのだと喝破した。同様に、ぼくらにとっても展覧会の準備期間は会期以上に楽しい時間だった。展覧会では、準備期間中に各々が撮った写真をスライドショーにして展示した。壁面テキストと引用作品パネルのレイアウト検討の様子や、座二郎による立体作品の制作風景など、数十枚の写真が延々ループするのは、『うる星やつら2』のループ構造にならっている。

『トロ箱のユートピア』
二〇二三年／座二郎

制作にいたる経緯は展覧会の解説で詳しく述べたとおり。イオンモール幕張新都心の最大の吹き抜け「グランドコート」を一／二五〇にした立体作品。吹き抜けを鋳型としてとらえ、発泡スチロール（通称トロ箱）を流し込んだ形状をしている。紙袋と発泡スチロールというモールを流通する商品の「入れ物」が中身として実体化され、反転されたモールを表している。

初出

「モール」　小野 啓
『モール』（赤々舎／二〇二二年）より再録

「イオンにみせられて」　もぐこん
『イオンにみせられて』（「モーニング」二〇一七年六号）を著者の元データ版で掲載

「われわれは地球人だ！」　高橋聖一
『われわれは地球人だ！①』（双葉社アクションコミックス／二〇二二年）より一部再録

「バックヤードはユートピアだ」は描き下ろし、座談会、対談は語り下ろしです。

モールの想像力　ショッピングモールはユートピアか

2023年8月25日　初版第1刷発行

監修・編　大山 顕
協賛　髙島屋史料館TOKYO
協力　海老名熱実（髙島屋史料館TOKYO）
発行人　浜本 茂
発行所　株式会社本の雑誌社
〒101-0051
東京都千代田区神田神保町1-37　友田三和ビル5F
電話　03（3295）1071
振替　00150-3-50378
印刷　中央精版印刷株式会社

定価はカバーに表示してあります　ISBN 978-4-86011-482-4 C0095